Die Selbstlähmung Deutschlands

Die Selbstlähmung Deutschlands

das betrachten, was man sich selbst und anderen zu sein scheint.

Oder was man gern wäre.

Oder auch (und das wäre der Gipfel): WAS UND WIE MAN IST!

Paul D. Bartsch, Halle (Saale), August 2006

Vorwort des Verfassers

Denke ich an Deutschland in der Nacht, dann bin ich um den Schlaf gebracht«.

Was für Heinrich Heine galt, gilt nicht für mich. Im Gegenteil: Ab in die Rente mit solchen Sprüchen.

Ich mag euch!

Das steht fest, denn würde ich euch nicht mögen, hätte ich dieses Buch nie geschrieben. Ich schreibe, weil ich muss (war das übrigens nicht immer der beste Ansporn?).

Ich entschuldige mich schon jetzt für die Generalisierungen dieses Buches. 82 Millionen Menschen in eine Schublade zu schieben ist fast schon kriminell und eigentlich etwas, wogegen ich mich immer wehre, aber in dieser Kurzform geht es nicht anders.

Das Buch besteht aus meinen jahrelangen Beobachtungen im Umgang mit den Deutschen. Deshalb ist es in hohem Maße subjektiv und diskussionswürdig. Einen Anspruch auf eine wissenschaftlich basierte Wahrheit kann ich in keinster Weise erheben, strebe ich auch nicht an. Mein Buch ist nicht akademisch und wendet sich somit auch nicht nur an Superschlaue. Dieses Buch ist für jeden, der die Gabe nicht verloren hat, hier und da über sich und seine Kultur zu schmunzeln.

Ich lebe seit 20 Jahren mit bzw. von den Deutschen. Wie ein Henry Maske teile ich aus in alle Richtungen, aber seht es bitte locker: Das ist damit zu vergleichen, wenn ich mit meinem 4-jährigen Sohn schimpfe: Ich habe ihn unendlich gerne!

Meine größte Qualifikation ist übrigens meine dänische Staatsbürgerschaft. Die sichert nämlich, dass mir niemand eine Sympathie Richtung Arbeitgeber, Arbeitnehmer, Kirche, FC Bayern oder weiß der Teufel was, in die Schuhe schieben kann nach dem Motto: »Er schreibt doch nur so, weil …«. Eine durchaus beliebte deutsche Eigenart, um ungewollte Diskussionen zu beenden, aber sorry, geht hier nicht, ich bin absolut neutral, und wer weiß, vielleicht bedarf es sogar des Abstandes, um manche Dinge klarer zu sehen?

Führt mein Buch zu einem kleinen Umdenken bei 100 Deutschen, dann bin ich zufrieden.

Deutschland hat so viel zu bieten. An Natur, an Kultur, an Dichtern und Denkern, an Wirtschaftskraft, an Höflichkeit, an gebildeten Menschen, an Geschichte, an klugen Köpfen etc. Die WM hat es doch gezeigt: Ihr seid in der Lage, Spaß zu haben, fröhlich zu sein und alles nicht immer so bierernst zu nehmen.

Also: Kopf hoch, Schluss mit dem Jammern, ihr Deutschen. Ihr könnt es viel, viel besser.

Ich mag euch!

Über den Verfasser

Als ich ein kleiner Junge war und unweit der deutsch-dänischen Grenze aufwuchs, konnten wir deutsches Fernsehen empfangen. Einige Kilometer weiter nördlich in Jütland ging das nicht mehr. Hier fing meine »Beziehung« zu euch an. »Sportschau«, »Der Alte«, »Wetten dass«, »Tatort«, »Verstehen Sie Spaß?«, »Noch Fragen, Kienzle« – ja, ja, die ganzen Sendungen sind mir ein Begriff. Für mich damals und heute eine andere und deshalb faszinierende Welt.

Jetzt bin ich 38 Jahre alt, verheiratet und habe einen Sohn. Ich habe Anfang der 90er in Stuttgart und Suhl gelebt. Ich habe Deutsch und Marketing studiert (Diplomwirt für Internationales Marketing), und seit dem Abschluss des Studiums 1993 beschäftige ich mich beruflich mit Deutsch und Deutschen und bin oft in Deutschland: Ob als Lehrer, als Vertriebschef oder als Selbstständiger – Deutsch stand und steht immer im Mittelpunkt. Ich habe jetzt meine eigene Firma, die Wissen verkauft: Wissen über Wege hin zu einer besseren Vermarktung dänischer Produkte in Deutschland.

Ich abonniere *Sport Bild* und bin *ADAC*-Mitglied. *Focus* kaufe ich mir fast jede Woche und *Tagesthemen* oder *Heute Journal* gucke ich mir fast jeden Tag an. Auch der tägliche Klick bei *welt.de* darf nicht fehlen. Apropos gucken: »Was guckst du« im Sat1 finde ich auch ganz lustig. Wenn Bayern München in der Champions League gegen ManU spielt, dann stehe ich ohne Wenn und Aber zu den Bayern. All das macht mich hier oben im Königreich zu einem ganz schrägen Vogel und ist in Dänemark ungefähr so normal, wie ein Schalker Fan, der Mitleid mit dem BVB empfindet!

Oder bei der WM: Ich stand hinter euch wie eine Bank gegen Italien, leider hat es nichts genutzt! Jetzt freue ich mich halt auf den Film von Sönke Wortmann.

Apropos Fußball: Ich habe den Vorteil, dass ich Fan von vier deutschen Mannschaften bin: Bayern, weil die immer gewinnen (ist praktisch!), Stuttgart, weil ich damals all die Heimspiele gesehen habe, Schalke 04, weil da Dänen spielen und spielten, und vom HSV, weil ich ab und zu da hin fahre. Solch eine kontrollierte Schizophrenie ist in Sachen Fußball absolut empfehlenswert, das erhöht die Chance, nach einem Spieltag glücklich zu sein!

Deutschland – einig Jammerland?

Ich kann es einfach nicht mehr hören, wie ihr lieben Deutschen, die eigentlich alle Voraussetzungen mitbringen, weiter nonstop jammern. »Für Deutschland sehe ich schwarz«, »Deutschland verkommt«, »Uns geht es so schlecht« – »Wir sind nicht mehr zu retten« – »Ich habe wenig Hoffnung«, »Die Talsohle ist längst nicht durchschritten«. Alles Zitate von Deutschen, die ich neulich getroffen habe. Ich könnte noch 100 weitere Zitate aufschreiben.

Würde Steinbrück eine Jammer-Steuer einführen, dann stünde er vor einem wahrlich ganz neuen Problem und bräuchte am EU-Stabilitätspakt nicht herumzudoktern: Wohin mit dem ganzen Geld!?!

Das wäre doch eine vielversprechende Idee, oder Herr Steinbrück? Und als Koalitionspartner wird die Union mitmachen, und damit kriegen Sie das mit dem 3-%-Defizit locker hin. Vielleicht sogar ohne die geplante Erhöhung der Mehrwertsteuer.

Es ist in Deutschland in der Tat nicht alles rosig (wo ist es das?), aber so schlimm ist es auch nicht. Ein Grossteil der Bevölkerung jammert auf recht hohem Niveau. Versucht es bitte, die Dinge etwas lockerer zu sehen, und sucht nach dem Positiven. Ein nicht unerheblicher Teil eurer Probleme ist mentaler Art.

Denn im Grunde genommen sehen wir das, wonach wir suchen, oder doch nicht?

Fehlende Lockerheit

Als Thomas Gottschalk vor ein paar Jahren eine Wette bei »Wetten dass« verlor, musste er im Bundestag reden, durfte aber nicht. Ich kann mich gar nicht mehr erinnern, ob er dann trotzdem durfte, aber ich kann mich sehr wohl an den Aufschrei unter Politikern erinnern. Sicherlich muss man nicht jeden Schwachsinn aus der Kategorie Stefan Raab mitmachen, aber ein bisschen mehr Volksnähe würde gut tun. Das würde Vertrauen schaffen und dem Wahlvolk zeigen, dass »die da oben« sich doch nicht so ernst nehmen.

Für mich symptomatisch: Das sieht die Geschäftsordnung des Hohen Hauses nicht vor, also ist das nicht möglich. Zum Teufel mit der Geschäftsordnung, würde ich als anarchistischer Däne in einem solchen Fall sagen. Aber das geht natürlich bei euch niemals: Da schaltet man den gesunden Verstand aus und guckt in einem Buch nach um festzustellen, ob es geht oder nicht. Konnten die Herrschaften um Herrn Thierse nicht einfach eine Ausnahme machen? Wäre das der Weltuntergang?

Aber ich habe die Hoffnung, auch das ist bei euch auf dem Wege der Besserung. Am 9.7.2006 stand ich am Brandenburger Tor. Ich und mein Kumpel hatten auf Deutschland gegen Brasilien gesetzt, aber wir ihr wisst, gab es ein paar andere Mannschaften, die etwas dagegen hatten. Egal, die Stimmung war bombastisch. Alle haben gefeiert, auch die Polizei hatte gute Laune. Unser Hotelwirt war übrigens mit einer Schwedin verheiratet und sprach begeistert von der skandinavischen Lockerheit, die er dieser Tage auch in Deutschland verspürte.

Er hat sich für sein Land aufrichtig gefreut, und ich mich mit ihm.

Ihr könnt ja feiern: Das zeigt die 5. Jahreszeit im Rheinischen. Ich bewundere das jedes Jahr. Ein tolles Volksfest mit fröhlichen Menschen und toller Stimmung. Auch die WM hat das gezeigt. Überhaupt stelle ich in Sachen Lockerheit ein glasklares Nord-Süd Gefälle fest: Die Lockerheit steigt, je südlicher die Republik ist. Oder muss ich das revidieren nach der WM? Das kann durchaus sein, ärgerlich wenn man alte Vorurteile revidieren muss; das verkompliziert die Welt unnötig!

Auch hier hoffe ich auf den Klinsmann-Effekt:

Spaß und Seriosität sind keine Gegensätze, sondern bedingen sich gegenseitig. Das hat der Sommer 2006 euch gezeigt – vergesst bitte die Lektion nicht!

Ordnung muss sein

Wenn im Ersten die *Tagesschau* verspätet ist, sieht man eine Uhr, 22.32.21, aber anfangen tut die Sendung immer erst, wenn es 22.32.25 oder ...30 ist, nie um 22.32.22, obwohl verspätet. Komisch, aber typisch. Bei einer so ungeraden Zahl kann eine Sendung doch laut deutscher Ordnung nicht beginnen! Sicherlich keine weltbewegende Beobachtung, aber auf diese Art und Weise sagt eine solche Banalität doch eine Menge über Kultur, Gewohnheiten etc. aus. Bei uns würde die Sendung schnellstens anfangen, wenn sie schon verspätet ist.

Oder wenn man am Rothenbaum die Ordner sieht, dann steht »Herr Schmidt« oder »Frau Schröder« auf ihrem Schild. Als wäre man nicht in der Lage, das Geschlecht festzustellen.

Wenn ich bei *Amazon.de* Bücher bestelle, kriege ich eine Bestätigung per Mail, die 2 volle Seiten lang ist. Mein Gott, ich habe ein Buch für 9.90 Euro gekauft!

Oder die deutschen Verträge, die ich beruflich unterzeichnet habe. Mein Gott, sind die lang und detailliert. Alles muss schriftlich festgehalten werden, ich weiß nicht, ob die Welt untergeht, wenn man sich hier und da einfach vertraut und auf den gesunden Menschenverstand setzt?

Muss alles wirklich bis ins letzte Detail schriftlich fixiert werden?

Ist das alles produktiv?

Deutsche Kleinstaaterei

Sie sind aber nicht von hier« – diesen Satz habe ich oft gehört, wenn ich mich bei euch irgendwo verfahren und nach dem Weg gefragt habe. Nicht bösartig, nur skeptisch. Man traut doch eher Leuten aus der Region! Überall wird auch damit geworben: »Fleisch aus der Region«, »Obst aus dem alten Land«, »Ihr Fliesenleger aus Altona« etc. Es scheint ein Qualitätsstempel an sich in Deutschland, dass etwas aus der Region ist. Das ist zum Teil nachvollziehbar, aber bei euch viel ausgeprägter als bei uns. Die Heimat ist eben für euch unheimlich wichtig.

Vor ein paar Jahren musste ich nach Mannheim im Ländle. Ich tankte und fragte die nette Dame an der Tankstelle in Hessen, etwa 15 Kilometer von Mannheim, nach dem Weg zu einem Stadtteil in Mannheim. Ihre Antwort: »Da war ich nie, das ist Baden-Württemberg, die ticken anders«. 15 Kilometer weg von einer Großstadt! Die Dame war Mitte 40, gab es wirklich nie irgendeinen Grund, Mannheim zu besuchen? Sicher, aber die Barriere im Kopf war ständig größer.

Das hängt mit der Geschichte zusammen: Die vielen kleinen deutschen Fürstentümer, Königreiche, Freien Städte etc. Erst nach dem Sieg über die Franzosen 1871 hat Bismarck Deutschland geeint, und auch das Kaiserreich bestand aus relativ selbstständigen Staaten. Das hat bis heute in den Köpfen Spuren hinterlassen. Man ist eben zuerst Franke, dann Bayer und dann an dritter

Stelle Deutscher. Die wichtigste Identifikation geht nicht über Nation, sondern die Region. Sicherlich kennen wir das auch bei uns, aber es ist viel, viel ausgeprägter bei euch.

»Ist das ein Problem?« werdet ihr jetzt fragen. Nicht unbedingt, das hat auch was Sympathisches, die Gebundenheit an eine Region. Aber ich befürchte, dass man auf diesem Konto etwas an Dynamik und Effektivität einbüßt. Wer mental so eingeschränkt ist wie die nette Damen an der Tankstelle, der sieht vielleicht auch manche Chancen nicht. Es ist auf jeden Fall eine Tatsache, dass die Deutschen in Sachen Mobilität auf dem Arbeitsmarkt nicht gerade zu den Mobilsten in Europa gehören. Das ist für meine Begriffe mit ein Grund für die Misere am Arbeitsmarkt. Ich weiß, es gibt viele Leute gerade in den neuen Ländern, die ihre Heimat Richtung Süden verlassen. Das ist gut so, aber am Gesamtbild ändert das wenig.

Im Frühling 2006 bemühte sich die Metallbranche in Westjütland in Dänemark um arbeitslose deutsche Metallarbeiter. Das Ergebnis war nicht überragend und die Arbeitgeber hierzulande klagten über »mangelnde Mobilität der deutschen Metaller«. Schade, ich meine, erstens ist es ja nicht so weit von Schleswig-Holstein oder Hamburg bis Herning, zweitens muss das keine Dauerlösung sein.

Ändert sich diese Einstellung? Ich glaube schon, aber es dauert.

Apropos Kleinstaaterei: Rational betrachtet kann es wohl nur zu langsam gehen mit der Reduzierung der Zahl der Bundesländer. 16 Länder, einige sind de facto

Pleite, einige schrumpfen seit Jahren (gerade im Osten), was die Einwohnerzahl angeht, aber jedes Land leistet sich Parlament, eigene Regierung, eigene Staatssekretäre, Vertretung in Berlin, Vertretung in Brüssel, jedes Land hat ein Statistisches Landesamt usw. Neulich las ich in der *Welt* von einem Bevollmächtigten des Landes Niedersachsen beim Bund – Entschuldigung, aber würde der niedersächsische Steuerzahler auch nur den geringsten Unterschied erkennen, wenn es einen solchen 2006 nicht gäbe?

Und was ist mit den Steuerzahlern in Mecklenburg-Vorpommern – haben sie in irgendeiner Weise das Geringste davon, dass es einen Städte- und Gemeindetag in Mecklenburg-Vorpommern gibt?

Ich weiß, enorme Kosten werden diese Dinge nicht verursachen, aber das ist nicht die Frage in einer Zeit, wo ihr euren Kindern massiv Schulden überlasst. Die Frage ist, ob ihr die erstens braucht, und wenn ja, ob es zweitens nicht effizienter ging?

Deshalb:

Bremen *zu* Niedersachen

Saarland *zu* Rheinland-Pfalz

Hamburg *zu* Schleswig-Holstein

Mecklenburg-Vorpommern und Brandenburg *zu* Berlin

Sachsen-Anhalt und Thüringen *zu* Sachsen.

NRW, Bayern, Hessen und das Ländle bleiben selbstständig – das bedeutet 9 Länder statt 16 und Millionen von Euro für sinnvollere Aufgaben wie Bildung oder Schuldenabbau.

Ob das einfach wird? Ganz und gar nicht, das wird

Jahre dauern, das zeigte auch die gescheiterte Länderfusion 1995 zwischen Berlin und Brandenburg, aber irgendwann holt die Realität auch den letzten Illusionär ein, und es wird zu einer Länderfusion kommen. Nur, und das ist aus meiner Sicht leider typisch, in der Zwischenzeit ist viel, viel Geld vergeudet worden.

Organisationen

Wo sich 3 Deutsche versammeln, entsteht ein Verein«, so der Volksmund.

Stimmt. Es gibt tatsächlich bei euch für alles einen Verein. Dessen Ziel ist es, für die eigene Sache zu werben und zu wirken. Alles legitim. Problematisch wird es erst dann, wenn diese Einzelinteressen zu viel Einfluss gewinnen, und das scheint mir bei euch leider oft der Fall zu sein.

Im Juli 2006 erlaubte der saarländische Gesundheitsminister die Eröffnung der ersten Filiale von Doc Morris – ein günstiger Anbieter von Arzneimitteln. Wer läuft dagegen Sturm? Richtig! Der saarländische Apothekerverband. Und womit argumentiert der gute Präsident abends im Heute-*Journal*? Mit dem Wohle der Patienten. Es geht ihm wirklich nicht um die Interessen seiner Mitglieder? Rührend!

Da denke ich automatisch an einen eurer großen Schriftsteller, Erich Maria Remarque, und ein Zitat aus seinem hervorragenden Buch über Deutschland zwischen den Weltkriegen »Der schwarze Obelisk«. Die Hauptperson Ludwig Bodmer arbeitet in einer Grabsteinfirma und liest gerne Todesanzeigen, es ermuntert ihn in dieser tragischen Zeit, die Lobeshymnen auf die Verstorbenen zu lesen. Lauter gute Menschen mit guten Motiven!

Im gleichen Buch gibt es übrigens den Unteroffizier Knopf, der »außer dem Exercierreglement niemals ein

Buch gelesen hat«. Ein schönes und sehr empfehlenswertes Buch – der Osnabrücker Remarque war ein wahrer Meister!

Aber zurück zur Gegenwart. Selbstverständlich darf der gute Apothekerpräsident sich äußern, aber ihm geht es natürlich nicht ums Ganze, und eure Politiker müssen endlich den Mut aufbringen, gegen diese Einzelinteressen rigoros vorzugehen und die Interessen des Ganzen vor Auge zu behalten.

Und die Patienten? Manche sind skeptisch, andere sind froh. Wie überall im Leben: Manche mögen den FC Bayern, andere S04. Manche mögen Spätzle, andere Weißwurst. Ich sage: Konkurrenz belebt das Geschäft!

Oder wenn die Abschaffung der Eigenheimzulage diskutiert wird, ist die Bauwirtschaft dagegen und argumentiert mit wohlklingenden Argumenten. Denen geht es angeblich ganz und gar nicht um Absatzmöglichkeiten ihrer Baumaterialien, sondern um das Recht auf Eigenwohnung etc.

Ich habe nichts gegen Verbände oder Organisationen, aber räumt denen nicht zu viel Macht ein, denn sie haben per Definition das Wohl ihrer Mitglieder im Sinn.

Euer Umgang mit Gescheiterten

In Dänemark haben wir viel Sympathie mit Gescheiterten. Hier und da vielleicht auch zu viel. Kennst du die Filme der Olsen Bande? Nicht ohne Grund sind diese Filme den Dänen ans Herz gewachsen. Gleiches gilt übrigens für Leute aus den neuen Ländern.

Als Dänemark sang- und klanglos bei der EM 2000 in Belgien in der Vorrunde ohne Punkte und mit einer Tordifferenz von 0:8 ausschied, was passierte da? Ich weiß es genau, denn ich war auf den Rängen: Die dänischen Zuschauer feierten den schwedischen Trainer Bo Johannson ohne Ende! Eine ehrliche Zuneigung einem Mann gegenüber, der uns zwei Jahre früher bei der WM in Frankreich ins Viertelfinale geführt hat (2:3 gegen Brasilien). Ein durch und durch sympathischer Mann.

Gefeiert wurde er, ja du hast richtig gelesen! Und Ribbeck oder zwei Jahre vorher Vogts? Ich war während der WM 1998 in Freiburg und sah mir das Spiel Deutschland gegen Kroatien in einer Kneipe an. Mein Gott, was für eine böse Stimmung, und das bei den sonst eher sympathischen und lockeren Badenern. Wäre Vogts in die Kneipe reinmarschiert, ich hätte bei Oddset keine Wette eingelöst, dass er lebendig den Raum wieder verlassen hätte! Zwei Jahre früher machte Vogts euch zu Europameistern.

Ich weiß, ihr habt andere Traditionen (3 Mal Weltmeister) und eure Ansprüche sind andere als unsere, aber dennoch: Muss alles immer so schwarz oder weiß sein?

Gibt es wirklich nichts dazwischen – gerade im Fußball, wo Zentimeter über Sieg oder Niederlage entscheiden? Doch, und das habt ihr auch eindrucksvoll bewiesen hier im Sommer 2006. Hut ab vor der Organisation und vor allem vor der Lockerheit, die ihr hier an den Tag gelegt habt – es geht doch. Das freut mich.

Also wollen wir festhalten: Ein Trainer kann eben nichts dafür, wenn das Spielermaterial keinen höheren Ansprüchen genügt. Ein Manager kann auch wenig dafür, wenn die Löhne 100 Kilometer weiter östlich nur ein Fünftel betragen. Es gibt manchmal zu viel Häme und Spott und fast Hass bei euch, wenn Menschen sich viel Mühe geben, aber aus welchen Gründen auch immer scheitern.

Wie sagte doch Søren Lerby, einer unserer Fußballhelden aus den 80ern und Ex-Bayern-München-Spielmacher: »Du kannst nicht immer gewinnen, aber nach dem Spiel kannst du zumindest schwitzen«.

Sich durchsetzen

Ein Lieblingsverb von euch. Politiker, Fußballer, alle müssen sich durchsetzen. Ich bin kein Illusionär: Ich erkenne durchaus das Leistungsprinzip an, aber manchmal geht es mir doch zu weit.

Denn der Begriff ist nicht immer Ausdruck von positiven, menschlichen Eigenschaften. Vielleicht ist euer Problem nicht ein zu wenig an individuellem Durchsetzungsvermögen, sondern ein zu wenig an Teamwork?

Immer und immer wieder hört man es von Fußballern: »Ich muss Leistung bringen, ich muss mich hier durchsetzen«. Nichts dagegen, aber was hilft das, wenn das Team schlecht spielt, oder die Firma rote Zahlen schreibt.

Bei euch wird von einem guten Chef erwartet, dass er ein Machtwort spricht. Sicherlich kann es Situationen geben, wo dies nötig ist, aber ich werde das Gefühl nicht los, dieses Verlangen nach dem Machtwort kommt bei euch oft zu früh. Wie wäre es mit lebendiger und offener Debatte?

Vorschlag: Redet etwas weniger über »sich durchsetzen« und etwas mehr über Teamwork.

Nicht zuständig

Ach du meine Güte, wie oft habe ich das gehört! Diesen Satz kann ich nicht mehr hören.

In Deutschland kann die Welt untergehen, und jeder weiß die Rettung, aber wehe, wenn der Zuständige nicht da ist: Dann geht die Welt eben unter! Übrigens: Bei Google gab es im August 2006 rund 308.000 Hits für die 2 Wörter!

Ich mag gar nicht daran denken, wie viel Zeit und letztendlich Produktivität dadurch verloren geht. Aber ich weiß, das ist eine deutsche Spezialität. Bis ins Detail akribisch durchdacht und umgesetzt. Aber, und das ist entscheidend: Eine solche Einstellung fällt ja nicht von Himmel. Ich glaube, Initiative seitens der Mitarbeiter wird einfach in der BRD nicht genügend geschätzt und in gleichem Maße gefördert wie bei uns in Dänemark.

Dass die 2 Wörter nicht längst Un-Wort des Jahres geworden sind, ist mir ein Rätsel.

Neulich wollte ich für einen dänischen Kunden in einem Berliner Baumarkt ein Muster abholen. Es war nach 18 Uhr, und ich war auf dem Weg nach Dänemark. Der Zuständige (da haben wir es wieder) war nicht da. Deshalb war das angeblich nicht möglich. Mit anderen Worten, ich soll nach Dänemark fahren und später wiederkommen, oder ich sollte eine Übernachtung mehr in Berlin einlegen, um das verd… Muster abzuholen. Oder, habe ich dann gesagt, das Muster bleibt hier und ich fahre nach Dänemark! Die Mitarbeiterin in der Info ruft den Marktleiter an, und ich muss warten, ich warte ewig, und nichts passiert. Dann sage ich der Mitarbeiterin, sie solle bitte wieder anrufen und dem Marktleiter sagen, entweder ich bekomme das Muster jetzt mit oder ich fahre. Ich sah in ihrem Gesicht, wie erschrocken sie war so nach dem Motto: Das sagt man doch nicht zum Chef. Aber warum eigentlich nicht, das Ganze war ja Blödsinn, und ein Däne würde eben so handeln wie ich. Pragmatisch.

Und siehe da, ich bin zum Marktleiter hochgegangen, und er war überhaupt nicht böse, er hat die Papiere fertiggemacht, ich habe unterschrieben, das Muster unter den Arm genommen und ab ging die Post Richtung Dänemark.

Ende gut, alles gut, oder?

Warum hat man von Anfang nicht eingesehen, dass ich selbstverständlich das Muster jetzt mitnehme? »Nicht zuständig« eben, der Mann, mit dem ich früher telefoniert habe, war nicht da, und dann steht die Welt still in Deutschland. Und wie viel Zeit des Marktleiters, der Infomitarbeiterin und meiner Zeit ist so verschwendet worden?

Ein anderes Beispiel des deutschen »Ordnung muss sein«: Ich wollte vor ein paar Jahren in Lübeck Waren bei einem Baumarkt liefern. Es waren Kampagnenwaren, d. h. zwei Tage nachher lief die Werbung, und deshalb brauchten sie die Waren. Wir waren spät dran, aber da ich sowieso in der Umgebung von Lübeck an diesem Tag war, habe ich die mitgenommen mit der Absicht, sie persönlich abzugeben. Ich war damals Vertriebschef einer dänischen Firma und ich habe oft Waren persönlich geliefert, wenn ich eben in der Umgebung war. »Ein Vertriebschef liefert doch keine Waren«, so haben manche Deutsche gedacht, als ich mit Krawatte im Wareneingang mit Waren und Lieferschein stand. Das passt nicht ins deutsche Bild von Hierarchie.

Da aber wir die Fracht zu zahlen hatten, war es für uns eine Selbstverständlichkeit, dass wir uns die Fracht sparen und ich persönlich die Waren liefere. Eine pragmatische dänische Betrachtung.

Aber zurück zum Fall Lübeck. Auch hier kam ich um 18 Uhr, der Wareneingang war geschlossen, also konnte man laut Marktleiter keine Waren mehr abgeben. Definitiv, ultimativ, nicht verhandelbar, ein unantastbares Dogma! (Da gibt es sie wieder, die wunderbare deutsche Flexibilität!)

Ich habe ihm gesagt, es handele sich um Kampagnewaren, die sie brauchen. Es ging wohlgemerkt nicht um eine ganze Ladung, nur um 10 kleine Grillgeräte, und ich habe ihm gesagt, er soll nur sagen, wo ich die hinstellen soll. Ich schleppe sie durch den Laden und mache die ganze Arbeit, er soll bitte nur den Lieferschein unterschreiben. Was für ein Kampf! Letztendlich habe ich ihm gesagt, okay, dann nehme ich die mit zurück, und ihr habt keine Kampagnewaren, d. h. ihr werdet verärgerte Kunden haben, die die beworbenen Artikel nicht kaufen können. Da hat er doch kalte Füße bekommen und unterschrieben.

Hier prallen wieder deutsche Sturheit und dänischer Pragmatismus auf einander.

Selbstverständlich sehe ich ein, dass es auch im Wareneingang Öffnungszeiten gibt und geben muss.

Was mir fehlt ist halt ein flexibleres Denken! Ein situationsabhängiges Handeln eben!

Wenn man mit deutschen Einkaufs-Zentralen verhandelt, ach du lieber Gott, wie lange dauert dies und jenes. Der Einkäufer kann nichts unterschreiben, auch wenn er 30 Jahre im Amt ist. Ich habe immer unterschrieben bei der Sitzung, und Tage nachher bekam ich den Vertrag mit der Unterschrift – nicht des Einkäufers – sondern des Chefs. Ich habe Verträge unterschrieben, wo es keine oder winzige Änderungen gab, aber nein: Keine Unterschrift des Einkäufers. Sehr flexibel, nicht wahr?

Warum sagt man nicht: Du lieber Einkäufer darfst Änderungen unter so und so viel unterschreiben, das erwarten wir von dir, dafür kriegst du dein Gehalt, darüber macht es der Chef.

In dem man das nicht tut, signalisiert man meiner Meinung nach fehlendes Vertrauen dem Mitarbeiter gegenüber, und wer glaubt, dies fördere die Leistungsbereitschaft, dem ist nicht mehr zu helfen.

Wir haben auch an ein Einrichtungshaus an der A7 in Kaltenkirchen verkauft. Eines Tages ruft ein Mitarbeiter an und hat eine Reklamation; es fehlen wohl ein paar Teile in einer Box. Ich sage, kein Problem, morgen fahre ich sowieso nach Deutschland, und da das Einrichtungshaus sage und schreibe 300 Meter von der A7 liegt, bringe ich Ihnen persönlich die Sachen mit.

Gesagt, getan, aber der gute und freundliche Mann konnte es kaum glauben. Für mich eine Selbstverständlichkeit, aber für ihn eine sehr positive Überraschung. Diese Flexibilität, dieses lösungsorientierte Denken. Er wurde mit dem Lob gar nicht fertig, ich glaube er ist immer noch am Loben! War das wirklich so einzigartig?

Irgendwie muss diese Reaktion eine Menge über seine anderen Erfahrungen mit deutschen Lieferanten sagen. Auf meiner Visitenkarte stand nämlich »Vertriebschef« und in Deutschland bringt ein Vertriebschef keine Ersatzteile zum Kunden. Dafür ist er »nicht zuständig«, das ist meilenweit unter seiner Würde.

Zugespitzt sicherlich, aber ein bisschen ist dran, oder?

Ich halte eine solche Denkweise für Quatsch. Wenn es um Effizienz und Kostenreduktion geht, ist jeder gefragt, gerade in Hochlohnländern wie den unseren.

Ein anderes Mal wollte ich Produkte an eine kleine norddeutsche Familien-Firma verkaufen. Wir standen am Anfang der Zusammenarbeit, es ging um eine ganz kleine Bestellung. Ich spreche mit der Mutter, wir setzen das Sortiment zusammen und sind uns einig. Sie schreibt auch die Bestellung auf einem gedruckten Formular, aber die Unterschrift durfte sie nicht machen! Die Mutter, wir sprechen von der Mutter, die Jahrzehnte in der Firma ist, die alle Artikel und Kunden kennt! Geht nicht, der Sohn, und nur er durfte unterschreiben. Also wartete ich, die Mutter fragte ihn einige Male und kriegte die Antwort »Gleich«. Ergebnis: Er musste x-mal »gleich« sagen und dadurch Frust aufbauen, sie verschwendete wertvolle Zeit, die sinnvoller in Kundenberatung hätte investiert werden können, und ich machte gute Mine zum bösen Spiel und kochte drinnen.

Das Ganze war völlig risikolos, eine ganz kleine Bestellung, Waren eines bekannten Markenherstellers, dessen

Produkte sich in anderen Läden derselben Stadt sehr gut verkauften.

Nichts zu machen, Mutti ist »nicht zuständig«, so ist es geregelt und dabei bleibt es, koste es was es wolle! Wie muss sich die arme Mutter fühlen, oder hat sie sich daran gewöhnt?

Auf der Richter-Skala der Blödheit sprengt ein solcher Vorgang – meiner Meinung nach – jeden Rahmen nach oben!

Noch ein Beispiel für das hierarchische Denken: Ich war neulich in einem deutschen Geschäft und sprach da mit dem Fußvolk. Die Leute am Boden beklagten sich über den Chefeinrichter, der Waren ohne Ende bestellt ohne Bescheid zu sagen. Nicht weil er es vergessen hat, nein, weil er es nicht für nötig hält, dem Fußvolk Bescheid zu sagen. Führt zu jede Menge Probleme mit Lieferanten, Extraarbeit ohne Ende etc. Das ist eine Arroganz begründet in dem Gefühl, weil er Chefeinrichter ist, braucht er sich nicht mit dem Fußvolk zu unterhalten.

Eng verbunden mit dem »nicht zuständig« Ding sind die steilen Hierarchien bei euch.

Der niederländische Wissenschaftler Geert Hofstede nennt das in seiner großen empirischen Untersuchung »Power Distance«, soll heißen, der gefühlte Abstand zwischen Häuptlingen und Indianern. Obwohl Nachbarländer, repräsentieren unsere Länder hier fast die beiden Extreme. Bei uns gibt es sehr flache Hierarchien und sehr kurze Kommandowege, und bei euch das Gegenteil.

Was heißt das im Alltag? Es könnte z. B. heißen, dass dem Chef nicht oder kaum widersprochen wird, weil sich keiner traut. Das mag auf den ersten Blick schön sein für die Chefs, aber eigentlich müssten sie das bedauern. Denn: Ich befürchte, das hemmt die Entwicklung in hohem Maße. Denn im Kern des Widerspruchs stecken doch neue Wege.

Mein Freund ist Jurist bei Arla, einer großen dänischen Molkerei. Er nimmt oft an Verhandlungen mit deutschen Lieferanten teil. Auch er bestätigt die steilen Hierarchien bei den Deutschen. Der Chef spricht, der Untergeordnete schweigt. Ausnahmen: Fehlanzeige!

Hofstede spricht auch von »uncertainty avoidance«, also dem Bedürfnis, Unsicherheit zu vermeiden oder – anders ausgedrückt – dem Bedürfnis nach klaren Regeln. Bei euch sehr ausgeprägt, bei uns kaum vorhanden. Das ist doch hochinteressant, dass Nachbarländer so unterschiedlich sind. Hier ist der Hintergrund für eure ausufernde Regulierungswut zu suchen.

Eine letzte Hofstede-Kategorie sei genannt: »masculinity versus femininity«. Hier werden die Rollen der Geschlechter und die vorherrschenden Werte einer Gesellschaft untersucht. Bei uns sind wir sehr feminin, d. h. die weichen Werte dominieren, bei euch dominieren die maskulinen Werte wie euer geliebtes »sich durchsetzen«, Statussymbole etc.

Bei Hofstede findet man wissenschaftlichen Beleg für die täglichen Observationen – empfehlenswert.

Die Titel sind bei euch auch wichtig. Sie scheinen ein integrierter Teil des Namens zu sein.

»Herr Professor Doktor XZ, wie viele Brötchen möchten Sie?« Beim Bäcker so angesprochen zu werden halte ich für komisch.

Oder auf dem Tennisplatz: »Entschuldigen Sie Herr Doktor ZX, der Ball war aus«.

Bei euch gang und gäbe, der akademische Titel wird immer benutzt, auch dort wo die Relevanz nun wirklich sehr bescheiden ist. Das wirkt auf uns befremdlich. Ich persönlich habe mich daran gewöhnt und spiele das Spiel mit, aber normal oder natürlich kommt das mir nicht vor mit meiner dänischen Erziehung.

Das Siezen ist ein weiterer Ausdruck der großen »Power Distance«. Bei uns siezen wir die Königin und das war es.

Mein Tipp: Überholte Hierarchien sofort und rigoros abbauen. Nur dann Hierarchien einführen, wenn es Sinn macht, und eben nicht, »weil wir das schon immer so gehandhabt haben«. Ich bin mir sicher, manche Abläufe ließen sich dadurch effektivieren und letztendlich würde das zu schlankeren und effektivisieren Firmen führen.

Aber auch dies wird durch Klinsmann besser!

Fehlende Flexibilität

Oft sitze ich in einem deutschen Restaurant und möchte etwas bestellen, was sie definitiv in der Küche haben, aber nicht auf der Karte steht.

Ein Ei: Ich saß neulich im Restaurant, das freundliche Paar nebenan möchte ein Ei für seinen Sohn bestellen, und obwohl sie Gerichte mit Eiern auf der Karte hatten, ging das nicht. Das Gericht »Ei« steht ja nicht auf der Karte, und folgerichtig kann man das auch nicht bestellen! Ist doch logisch, oder? Die netten Leute haben extra gesagt, die Kellnerin sollte bloß sagen, was das kostet, dann zahlen sie dafür? Nicht möglich.

Fast hätte ich gerufen »Dann gib doch dem Jungen das S…ei!«.

Man wird mit dem Kopfschütteln kaum fertig, aber wenn man doch fertig ist, meldet sich eine interessante Frage: Hat die Kellnerin das selber herausgefunden oder kommt eine solche Anweisung von oben? Ich denke, sie kommt von oben – die geistige Flexibilität fehlt, und es fehlt vor allem an Service dem Kunden gegenüber.

Entschuldigung, aber wer zahlt bitte die Löhne, die Miete, die Versicherungen usw. einer Firma?

Der Chef?: Falsch

Die Merkel?: Falsch

Der Uli Hoeness?: Falsch.

Der Kunde?: Richtig

Also wäre etwas mehr Service wohl machbar, oder? Im Bereich Flexibilität und Kundenservice stelle ich an manchen Stellen einen erheblichen Nachholbedarf bei euch fest. Historisch gesehen wart ihr eine stolze Industrienation, das ändert sich aber jetzt, und deshalb müsst ihr auch hier umdenken.

40

Sanierungsfall Deutschland: Gesundheit

Im August 2006 sah ich im Magazin »Fakt« im Ersten einen Beitrag über das Lazarus Heim in Berlin. Durch das Aufbrechen alter Gewohnheiten und Optimierung mancher Abläufe hat dieses Haus enorme Einsparungen im Gesundheitssystem erzielt. Ein Beispiel: Das Heim darf im Gegensatz zu ähnlichen Einrichtungen eigene Ärzte einstellen. Das Einsparpotenzial schätzen Experten auf rund 300 Millionen Euro. Aber jetzt kommt der Hammer: Das Projekt läuft 6 Jahre – 6 Jahre!

Rieseneinsparungen liegen auf der Hand, aber keiner nutzt sie und setzt das Modell bundesweit ein.

Warum? Hier kämpfen wohl alle um ihre eigenen Zuständigkeiten (da haben wir es wieder) und niemand sieht die Interessen der Gemeinschaft. Einfach nur peinlich!

Warum gibt es dagegen keinen Aufstand – warum lasst ihr euch das gefallen, liebe Deutsche?

Das ist leider ein Paradebeispiel einer urdeutschen Lieblingsdisziplin: Die Selbstblockade!

Eure Probleme sind hausgemacht, also müsst ihr die eben selber lösen!

Jetzt kommt eine Gesundheitsreform und die Kassenvorstände laufen Sturm dagegen. Ich kenne die Reform nicht im Detail, aber ich werde das Gefühl nicht los, dass es hundertprozentig für die Reform spricht, dass diese

Vorstände dagegen sind, denn die haben mit Sicherheit nicht das Ganze vor Augen.

Wozu braucht ihr überhaupt die ganzen Kassen und deren hochbezahlte Vorstände?

42

Skepsis Neuem gegenüber

Ich spüre das täglich in meiner Arbeit. Ihr seid zu skeptisch, zu pessimistisch und betrachtet jede Änderung als eine Bedrohung. Sicherlich nicht untypisch für die Gattung »Mensch«, aber in Deutschland in überdurchschnittlichem Ausmaß vorhanden.

Ein paar Beispiele:

Als Klinsmann Bundestrainer wurde, lauteten die Kommentare:

»Er schafft es nie«, »Notlösung«, »Lachnummer«, »Abwarten« und was weiß ich noch, was ihr dazu gesagt habt. Gleiches haben manche Nörgler sicherlich über Rudi Völler gesagt, und obwohl keinen Titel, hat er immerhin die Herzen der Menschen gewonnen. Und nicht nur das: Er hat mit einer sehr durchschnittlichen Truppe WM-Silber geholt, also kann er nicht völlig blind sein. Und Klinsmann ist Dritter geworden und hat Euphorie ins Land geholt.

Aber was haben die »Superschlauen« nicht gemeckert und gelästert über »Grinsi-Klinsi« und seine ungewöhnlichen Methoden. Ich hatte ab und zu das Gefühl, er wurde heftig kritisiert, weil er Neues wagt, an Traditionen rüttelt.

Aber wie ein Martin Luther vor Jahrhunderten hat Klinsi nicht aufgehört, das Bestehende zu hinterfragen, und Reformen verlangt – auch bei schärfstem Gegenwind. Das erfordert Stehvermögen und nötigt Respekt ab.

Das ist übrigens auch typisch: Wenn die Katastrophe doch nicht eintritt, dann will keiner skeptisch gewesen sein. Das gleiche Phänomen hat man auch bei Wahlen gesehen: Da gewinnt 1998 Rot-Grün und macht sofort einen handwerklichen Fehler nach dem anderen, und keiner will sie gewählt haben! Komisch, eine Mehrheit hatten sie, aber ohne Wähler?

Klinsmanns Begründung, warum er lieber in den USA blieb, ist doch hochinteressant: »Hier sind die Leute positiver, ich will mich nicht anstecken vom deutschen Pessimismus«. Ja, genau solche Sachen hat er von sich gegeben, das müsste doch nachdenklich stimmen! Das ist hochinteressant und trifft leider meiner Meinung nach teilweise zu.

Erinnert ihr euch, als die Zeitschrift »Focus« auf den Markt kam als Konkurrenz zum »Spiegel«? »Geht nicht«, »Der Markt ist gesättigt« – ich erinnere mich sehr gut. Die »Experten« hielten das für ausgeschlossen. Und heute? Focus ist ein Riesenerfolg, und niemand will das Gegenteil gesagt haben.

Das ist wieder ein perfektes Beispiel dafür, dass in Deutschland prinzipiell alles unmöglich ist, bis das Gegenteil amtlich bewiesen ist. Andersrum wäre ja auch theoretisch denkbar: »Alles ist möglich, bis das Gegenteil bewiesen ist«, aber diese Betrachtungsweise ist zwischen Flensburg und Garmisch nicht hoch im Kurs. Schade, denn sie wäre von immenser Bedeutung gerade was die Freisetzung kreativer Kräfte angeht.

Denn wer wie ihr auf Innovationen angewiesen ist, der wäre gut beraten, auf ein Klima des »Alles ist möglich bis...« zu setzen! Anders werdet ihr (und wir) niemals die Kurve im Wettbewerb mit den Billiglohn-Ländern kriegen.

Eine andere deutsche Spezialität ist die Denkweise: »Alles, was nicht ausdrücklich erlaubt ist, ist verboten«. Andersrum wäre auch vorstellbar, diese Maxime gibt es z. B. bei uns.

Deshalb: Morgen hängst du ein Schild mit der Aufschrift an die Wand deines Büros:

»Alles, was nicht ausdrücklich verboten ist, ist erlaubt«!

Hat Größe was zu sagen?

In manchen Bereichen des Lebens vielleicht (welche, lasse ich unerwähnt!), aber bei Firmen bedeutet das weniger.

Bei euch wird eine Firma erst dann ernst genommen, wenn sie – sagen wir mal – 50 Mitarbeiter hat, der Chef ein Riesen-Auto fährt, die Sekretärin wie Claudia Schiffer aussieht und die Anschrift eine noble ist. Zugespitzt, ja, aber ein bisschen ist dran oder? Das Äußere zählt.

In einem früheren Job war ich Vertriebschef eines dänischen Herstellers von Grillgeräten. Die Firma produzierte in Dänemark, hatte 6-7 Angestellte und war z. B. Hauptlieferant im Bereich Grillgeräte und Zubehör für die Baumarktkette »Bauhaus« in Europa.

6-7 Angestellte, Hauptlieferant für 200 Niederlassungen europaweit, das kann in einem deutschen Kontext gar nicht funktionieren!.

»600-700 meinten Sie wohl« haben manche erwidert. Das Staunen und die Skepsis im Gesicht der verschiedenen deutschen Einkäufer, als ich die Geschichte erzählt habe, werde ich nie vergessen. Habe ich sogar hier und da einen Hauch von Mitleid gesehen?

Der Einkäufer von Bauhaus ist sogar mal selber hingefahren um zu gucken, ob das tatsächlich seine Richtigkeit hatte!

Es geht, wenn man den Fokus auf den Produktnutzen, das Preis-Leistungs-Verhältnis, die Logistik und den Service richtet. Und eben nicht auf Autogröße, Anschrift, Titel und das Äußere.

Hätte ein deutscher Vertriebschef die Wahrheit gesagt, oder hätte er ein wenig aufgerundet? Ich weiß es nicht, für mich war es aber nie ein Problem, bei einer kleinen Firma tätig zu sein. Jetzt habe ich 0 Angestellte, meine Firma besteht aus mir und das war es. Schön ist das!

Deshalb: Es gilt, den alten Trainerspruch »es gibt keine alten oder jungen Spieler – es gibt lediglich gute und schlechte« zu modifizieren.

»Es gibt keine großen oder kleinen Firmen, es gibt lediglich gute und schlechte«! Das muss rein in eure Köpfe!

Zukunftsangst

Wenn man auf google.de das Wort eingibt, erhält man im August 2006 151.000 Ergebnisse. In Dänemark kennen wir ein solches Wort gar nicht. Sicherlich können wir »fremtidsangst« sagen, aber das ist längst nicht das feste Wortgebilde wie bei euch. Merkwürdig. Das ist aber wieder die Skepsis, die da durchblickt. Eine Skepsis, die natürlich z. B. auch mit der immensen Arbeitslosigkeit zu tun hat, ich weiß.

Im letzten Sommer besuchte ich das Stasi-Museum in Berlin-Schönhausen – unglaublich was da passiert ist und noch unglaublicher, dass es heute noch Ewiggestrige gibt, die diesem System nachtrauern.

Ich fuhr mit dem Zug und sprach mit einer älteren Dame, die folgendes sagte: »Ich habe Angst, die ganze Arbeitslosigkeit, die Trostlosigkeit. Ich habe Angst, es kommt wieder ein starker Mann, und sagt: ‚Hier geht es lang, und das sind die Sündenböcke'«. Tatsächlich, das hat sie im Sommer 2005 gesagt. War sie verrückt, eine Spinnerin, die Geister am hellichten Tag sieht? Ich denke, sie übertreibt. Deutschland 2005 ist eine gefestigte Demokratie mit dem Willen sich vor Extremisten zu schützen. Die Abschiebung des »Kalifen von Köln« hat das gezeigt und auch bei der WM hatten die Sicherheitskräfte die Extremisten im Griff.

Ganz nebenbei: Bei diesem Berlin-Besuch habe ich mich auch gewundert, dass das klamme Deutschland sich so ein Kanzleramt geleistet hat, aber das ist eine andere Geschichte.

Euer Verhältnis zu Deutschland

Ich als großer Fußballfan sage: Das mit Abstand wichtigste Ergebnis der WM hat rein gar nichts mit dem runden Leder zu tun. Das wunderbarste Ergebnis dieser WM ist das, was in euren Köpfen geschehen ist. Ihr könnt wieder stolz sein auf euer Land, ohne euch zu schämen. Ihr könnt wieder die Fahne zeigen, ohne euch als NPD-Sympathisanten zu fühlen. Ein echter Durchbruch!

Lange genug haben die Alt-68er euch eingeredet, das geht nicht und schon gar nicht bei euch. Europäer sind wir, das Nationale hatte seine Epoche, und was die nicht noch alles erzählt haben.

Das Volk hat im Sommer 2006 die Antwort gegeben und die Altlinken und Gutmenschen in die Schranken verwiesen. Klar kann man stolz sein, Deutscher zu sein, ohne ein rechter Spinner zu sein. Beispielsweise die Fahnen überall: Gang und gäbe bei uns in Dänemark – kein Grund zur Aufregung! Und soviel ich weiß, gibt es jetzt die Deutschland-Hymne vor jedem Bundesligaspiel.

Ich freue mich darüber, denn das ist eine Grundvoraussetzung für ein entspannteres und lockeres Verhältnis zur Nation.

Als Friedrich Merz 2004 von der »deutschen Leitkultur« sprach, hat der arme Mann Prügel bekommen, angeführt von den Ewiggestrigen der Altlinken. Er hätte auch sagen können, »2 + 2 macht 4« oder »der Michel steht in Hamburg«, das wäre ungefähr genauso einleuch-

tend gewesen, nur durfte er nicht formulieren, was jeder
weiß: Deutschland ist durch gewisse Werte geprägt. Er
hätte es im Sommer 2006 sagen sollen, dann wäre die
Reaktion vielleicht nicht so heftig gewesen.

Günter Grass hat im August 2006 eingestanden, dass
er gegen Kriegsende als junger Mann in die Waffen-
SS berufen wurde. Die Reaktion zeigt, wie präsent das
Thema bei euch noch ist, und das ist im Grunde genommen auch gut so, denn das ist ein Bollwerk gegen
das Vergessen.

Dennoch: Muss man einen großen Vorkämpfer für
Versöhnung und Nobelpreis-Träger wirklich so kritisch
angehen wegen dieses Sachverhalts? Sofort kommen die
Spekulationen hoch, »das sagt er doch jetzt nur wegen
der Vermarktung seines neuen Buches«.

Quatsch, sage ich. Ich glaube ihm, wenn er sagt, er habe
mit dem Schuldgefühl gerungen und Zeit gebraucht.

Mein Rat: Seid ruhig stolz auf euer schönes Land, ihr
habt Grund dazu!

Bürokratie

Im Sommer 2006 kriegte ich ein Bußgeld – Handy sprechen und Auto fahren auf der A7 bei Rendsburg. Darf man nicht, unverantwortlich, ich gebe es zu, zu zahlen waren 65 Euro. Am Ort kriege ich von den beiden freundlichen Beamten jede Menge Papiere (ach du armer Regenwald), unterschreibe hier und da, gebe meine Schuld zu, zahle.

Kurz: Alles – wirklich alles! – wird am Ort geregelt. Nichtsdestotrotz kriege ich nach einem Monat vom Amt noch mal zwei Papiere. Einen persönlicher Brief, »Sehr geehrter Herr Klausen…«, und ein Standardschreiben. Tenor: Alles in trockenen Tüchern, Restbetrag ist 0. Sorry, aber das wusste ich doch!!! Die nette Dame vom Amt musste sich also noch mal mit dem Fall beschäftigen, Briefe verfassen, es kommt Porto drauf.

Produktiv? Notwendig?

Sieht das irgendein Gesetz vor – wenn ja, abschaffen! Wenn nicht, Arbeitsroutinen auf dem Amt schnellstens ändern!!

Als der Sohn meines deutschen Geschäftspartners seine hochschwangere Freundin aus Afrika in Deutschland heiraten will, schlägt die unbarmherzige deutsche Bürokratie wieder zu. Papiere ohne Ende, die nicht anerkannt werden, ein Hin und Her bis zum Abwinken. Ergebnis: Sie überlegen gerade, in Tondern bei uns in Dänemark zu heiraten.

Apropos Bürokratie: Bremen, das kleinste und ärmste

Bundesland, leistet sich mit 6,4 öffentlich Bediensteten pro 100 Einwohnern den höchsten Anteil, die notorisch klamme Hauptstadt Berlin 4,7 – kurios, nicht wahr?. Die schlankste Verwaltung gibt es in Essen – knapp 1,5 ist hier die Quote, gefolgt von Dortmund mit 1,6. Im prosperierenden Süden finden wir die bajuwarische Metropole – München – mit immerhin 3,3.

Der Unterschied von Bremen und Essen ist ein Augenöffner: So grundverschieden können die Voraussetzungen dieser beiden Städte auch nicht sein, dass das einen solchen Unterschied rechtfertigt. In der Verschlankung der öffentlichen Verwaltung steckt für mich ein großes Potenzial. Wenn man das hinkriegt, wird manches leichter, schneller, überschaubarer für Bürger und die Firmen, und die können die gewonnene Zeit in sinnvollere Sachen investieren: Marktchancen zu finden, Kundengespräche zu führen, innovative Produkte zu entwickeln. Das Potenzial ist schwer quantifizierbar, aber meines Erachtens ganz erheblich.

Die durch Bürokratie verursachten Kosten schlagen besonders in kleineren Unternehmen stark zu Buche. Studien zeigen, dass ein durchschnittlicher Handwerksbetrieb allein für die umfangreichen Melde- und Abrechnungsformalitäten in den Bereichen Sozialversicherungen oder Steuern ca. 324 Stunden im Jahr aufwendet.

Das geht wirklich nicht einfacher?

Apropos Bürokratie. Was hältst du von folgenden Vorschriften, die es bei euch gibt? Ich persönlich halte sie für lebensnotwendig!

»Der Tod stellt aus versorgungsrechtlicher Sicht

die stärkste Form der Dienstunfähigkeit dar.«
(Unterrichtsblätter für die Bundeswehrverwaltung)

Welch ein großer Geist!

»Stirbt ein Bediensteter während einer Dienstreise, so ist damit die Dienstreise beendet.«
(Kommentar zum Bundesreisekostengesetz)

Hätten wir nie gedacht!

»Gewürzmischungen sind Mischungen von Gewürzen.«

(Deutsches Lebensmittelbuch)

Schlau!

»Welches Kind erstes, zweites, drittes Kind usw. ist, richtet sich nach dem Alter des Kindes.«

(Damalige Bundesanstalt für Arbeit)

Eine absolut bahnbrechende Beobachtung!

Oder der Beamte, der in Sachsen-Anhalt u. a. sein Geld damit verdient, die Benutzungsordnung für Toiletten in Sachsen-Anhalt zu verfassen. Da ist im Paragraph 5 zu lesen:

»Sitzposition: Der Benutzer setzt sich unter gleichzeitigem Anheben der Oberbekleidungsstücke so tief in die Hocke, bis das Gesäß in die Sitzaufnahme einrastet. Das Gewicht des Körpers ist gleichmäßig, gleichseitig verteilt, der Oberkörper leicht nach vorn geneigt«.

Ein Leben ohne eine solche Anweisung ist wirklich nur schwer vorstellbar!

Geräte und Maschinenlärmschutzverordnung: Diese Vorschrift regelt, wie laut der Lärm von Rasenmähern etc. sein darf und wann die Bürger diese benutzen dürfen.

Meines Erachtens haben wir solche Regelungen bei

uns nicht, hier setzen wir wohl eher auf den gesunden Menschenverstand, auf vernünftige Gespräche zwischen Erwachsenen, und bei groben Verletzungen greift die Polizei ein. Das geht.

Hier anpacken, liebe Politiker!

Arbeitsmarkt

W as der Schaffung und Sicherung wettbewerbsfähiger Arbeitsplätze dient, muss getan werden. Was dem entgegensteht, muss unterlassen werden«.

Zitat Horst Köhler im Frühling 2005.

Dem ist nichts hinzuzufügen, ich tue es aber dennoch.

Köhlers Vorfahrt für Arbeit ist genau der richtige Ansatz.

Markant schlauere Leute als ich haben das Problem gründlich studiert und die Lösung beschrieben: Entbürokratisierung und den Kündigungsschutz lockern. Das ist für Leute wie Lafontaine ein rotes Tuch, »Neoliberalismus«, »Sozialabbau« etc. – ja, ja, wir hören schon die Proteste. Wir haben in Dänemark einen viel lockeren Kündigungsschutz und wir haben eine Arbeitslosigkeit von 4,7%. (Fairerweise muss man sagen, dass bei uns das Arbeitslosengeld auch großzügiger ist).

Leute werden zwar entlassen, aber (und das haben zu viele in Deutschland leider nicht begriffen) sie bekommen eben auch wieder einen Job, weil Arbeitgeber keine Angst vor Einstellungen haben. Das ist doch das Kernproblem: Wegen starrer Regelungen halten sich manche Arbeitgeber mit Einstellungen zurück. Um das Problem zu reduzieren, muss unbedingt auch das Wirtschaftwachstum wieder anziehen – dafür gibt es Gott sei Dank endlich Zeichen (etwa 2 % 2006).

Schaffen Politiker eigentlich Arbeitsplätze? Nein, so

wie ich die Welt sehe, tun sie das nicht, denn das können sie gar nicht. Sie können Rahmenbedingungen schaffen, die so sind, dass die Firmen das Vertrauen in die Zukunft zurückgewinnen und daher Einstellungen wagen. Der ewige Ruf nach dem Staat, wenn Firmen in Schwierigkeiten geraten, ist daher zwecklos und sorgt nur für noch größere Frustration. So wie damals, als Schröder den Retter der Bombardier-Werke in Halle spielte.

Wichtig ist auch, massiv auf Bildung, Qualifizierung und Vermittlung zu setzen: Das sind für mich die Schlüsselwörter im Kampf gegen das Gesellschaftsproblem schlechthin.

Der ehemalige Arbeitsminister Clement hat das Ziel formuliert, die Arbeitslosigkeit zu halbieren. Das kann wie ein Hohn klingen, gerade in Regionen, wo 20-25% gang und gäbe sind. Dass es aber keine Illusion ist, zeigen Dänemark, Holland und Schweden, die ungefähr im Schnitt eine halb so große Arbeitslosigkeit wie Deutschland aufweisen.

Das ist machbar, das dauert aber und es setzt Reformen auf dem Arbeitsmarkt und mehr Wachstum voraus. Ganz verschwinden wird sie sicher nie, aber sie kann durchaus deutlich reduziert werden. Ein Naturgesetz ist die hohe Arbeitslosigkeit sicher nicht, sondern hausgemacht.

Übrigens: Was hat uns Klinsmann gelehrt? Du sollst dir ruhig hohe Ziele setzen und hart dafür arbeiten – du magst nicht alles erreichen, aber allein die Tatsache, dass du dir hohe Ziele setzt, setzt Kräfte frei, sorgt für Dynamik und belebt den Laden!

Jedes Jahr wird es bei euch diskutiert, ALG-II-Empfänger in der Landwirtschaft als Erntehelfer einzusetzen statt zehntausende Polen ins Land zu holen. Absolut vernünftig, es ist doch absurd, dass ein Land mit 4 oder 5 Millionen Arbeitslosen nicht in der Lage ist, diesen Bedarf an Arbeitskraft selbst zu decken. Interessant sind die Reaktionen der Landwirte: »Nein danke, haben wir schon versucht, das war gar nichts«, so der Tenor. Die wollen lieber ihre Polen. Und warum? Die Polen kriegen nicht so schnell Rückenschmerzen und sind wohl nicht so gebrechlich wie die Deutschen.

Das ist nicht unbedingt ein Traumjob, das gebe ich zu, aber ich habe grundsätzlich große Probleme mit der Einstellung, Jobs abzulehnen und sich von der Gesellschaft unterstützen lassen. Etwas Asozialeres kann ich mich kaum vorstellen. Die Generationen, die nach dem Krieg Deutschland aufgebaut haben, würden im Grabe rotieren, wenn sie von dieser Verwöhntheit erfahren würden.

Und außerdem: Oft können solche Jobs als Einstiegsjobs gesehen werden, die Leute müssen nicht unbedingt den Rest ihres Lebens damit verbringen. Es ist nun mal den Wenigsten gegönnt, ihr Berufsleben mit dem Job als Vorstand anzufangen!

Hier setzt Hartz IV mit Sanktionen an, richtig so.

Aber ich fürchte, das Problem steckt tiefer. Wenn alle auf den Staat als Retter setzen, das Risiko scheuen, wenn unter Lehrern Wörter wie Unternehmertum und Profit Unwörter oder zumindest exotische Wörter sind, dann entsteht kein innovatives Klima. Auch die Schadenfreude, die »was sagte ich«-Mentalität mancher Deutschen, hilft wenig. Wenn jemand mit einer Firma scheitert, müsste man ihn unterstützen. Stattdessen sehen wir die »Montagstrainer«, die sich in Haufen zu Wort melden und die alle wissen, wie »das Spiel« am Wochenende hätte gewonnen werden können. Nur, diese Leute spielen nie, sie agieren nie, sie bleiben auf der Bank und wissen alles besser.

Steigt die Arbeitslosigkeit, wird der Sozialstaat teuer, und dies trägt durch die Beiträge zur Arbeitslosenversicherung, zur Krankenkasse, zur Rente etc. dazu bei, den Faktor Arbeit noch teurer werden zu lassen. Deshalb ist der Einstieg in ein teilweise steuerfinanziertes Gesundheitssystem richtig.

Ich denke, der Arbeitsmarkt muss vom Würgegriff der Sozialpartner befreit werden, denn ich habe leider den Eindruck, dass sie nur sehr begrenzt das Wohl der Allgemeinheit, sondern viel mehr das Wohl ihrer Mitglieder (und ihr eigenes Wohl) im Sinn haben.

Irre ich mich?

Beamtenreform

D ie Hoffnung endet bekanntlich erst am Grabe«, wie man sagt. Deshalb jetzt eine gute Nachricht: In der Zukunft werden die deutschen Beamten stärker nach Leistung bezahlt!

Ja, es stimmt, das ist kein Schreibfehler. Selbst der größte Supertanker ist in der Lage, die Richtung zu verändern. Was tragisch für Volksmund, Witzemacher, Lästermäuler, Stand-Up-Komiker und andere Zeitgenossen ist, die gerne über die Beamten herziehen (*DAS* Thema schlechthin kommt ihnen abhanden!), ist vielleicht das Signal, was Deutschland braucht. Eine laut »Volkes Stimme« per Definition unreformierbare Institution, das deutsche Beamtentum, reformiert sich selber, grundlegend und zügig!

Toyota hat eben doch recht mit seinem Werbeslogan »Nichts ist unmöglich«.

Aber auch hier ist eine differenzierte Betrachtung nötig. Es gibt mit Sicherheit Beamte wie Polizisten und Lehrer, die sehr gute und oft gefährliche Arbeit leisten. Übrigens sind nicht die Beamten Schuld an mancher Ineffektivität, sondern die Politiker. Ich war eine Zeitlang angestellt in einer Arbeitgeber-Organisation in Dänemark – auch dort ließ manches zu wünschen übrig in Sachen Effektivität.

Der Sozialstaat

Laut einem »Welt«-Bericht vom Juli 2006 leben in Deutschland 2,5 Millionen Kinder auf Sozialhilfeniveau. Seit 2004 hat sich diese Zahl mehr als verdoppelt. Bei allem Verständnis für Reformen ist das hier ein Skandal. In einem der reichsten Länder der Welt ist das beschämend.

Das ist meiner Meinung nach ein Bereich, in dem ihr dringend mehr investieren müsstet.

Ludwig Erhard hat immer wieder gesagt, dass jeder staatlichen Wohltat eine privat erwirtschaftete Leistung gegenüberstehen müsse. Genau so ist es, und deshalb plädiere ich ganz sicher nicht für ein Zurück in eine Politik von Lafontaine, ein Zurück in die Rezepte von vorgestern! Ganz und gar nicht, Deutschlands Probleme lassen sich nur durch weniger und nicht durch mehr Staat lösen. Der Lafontaine hat jetzt bei den Linken sein großes Comeback gefeiert – ich weiß nicht, ob das Sinn macht. War er denn nicht immer auch einer, der ständig Wasser gepredigt hat, aber selbst den Wein dazu getrunken hat?

Nein, ihr braucht weniger Staat – dafür aber mehr Fokus auf die Kernfunktionen, damit die wirklich Bedürftigen nicht zu kurz kommen.

Hans-Werner Sinn, Wirtschaftsforscher des Münchner Ifo-Instituts, hat in seinem Bestseller »Ist Deutschland noch zu retten?« die Probleme geschildert und Wege aus der Krise gezeigt.

Radikale Reformen und eine Verminderung der Staatsquote sind gefragt. Der Zuwanderungsmagnet Sozialstaat gehört laut ihm reformiert. Zuwanderer kommen erst nach einer Wartezeit von einigen Jahren in den Genuss der Sozialsysteme.

Frau Merkel sprach im Sommer 2006 vom »Sanierungsfall« Deutschland und erntete heftige Kritik. Für die Staatsfinanzen trifft das aber voll zu. Die Sozialausgaben machen heute ein Drittel der Gesamtwirtschaftsleistung aus.

Ein Drittel!

Subventionen abbauen wäre ein weiterer Weg, wie etwa die Kohlesubventionen.

Vorbilder

Vor Jahren sah ich eine Talkshow, wo Stefan Effenberg Gast war. Er hat folgendes von sich gegeben in bezug auf seinen Lebenslauf nach der Karriere:

»Wenn man 16 Jahre hart gearbeitet hat, dann darf man sich ausruhen".

Entschuldigung, Herr Effenberg, aber Sie haben meines Erachtens keine Ahnung davon, was harte Arbeit ist. Ich übrigens auch nicht, aber mein Schwiegervater z. B., der hat Ahnung. Er ist jetzt Rentner, aber früher war er Landwirt und hat sich den Körper runtergearbeitet. Gerade in Deutschland gibt es Generationen, die wie mein Schwiegervater geschuftet haben und keine großen Ansprüche hatten. Hier und da vermisse ich doch etwas mehr Respekt diesen Leuten gegenüber.

Fragen Sie die Landwirte, die Arbeiter vom Bau oder vom Bergbau, Herr Effenberg, denn die können Ihnen ein Lied davon singen, was harte Arbeit ist.

Wie muss eine solche Formulierung eines Herrn Effenberg in den Ohren dieser Leute klingen? Leute, die wirklich geschuftet haben und das zu einem Lohn weit, weit weg von den Irrsinnsgehältern, die im Profifußball bezahlt werden?

Aber das ist sie eben, die Spaßgesellschaft, die da durchblickt.

Nie werde ich eine Sportstudio-Sendung vor Jahren vergessen, es war kurz vor einer WM. Die Sendung fand im Freien statt, und Effenberg und andere sollten an

der Torwand schießen. Den letzten Schuss hat Effenberg
dann bewusst mit Gewalt daneben geschossen, so nach
dem Motto »Was gehr mich dieses blöde Torwandschie-
ßen an?« Ich bin der Größte, ich bin cool, ich verdiene
Millionen.

Ein Vorbild für die Jugend?

Apropos Wahnsinnsgehälter? Vielleicht sollte man sich
Gedanken machen über eine Grenze. Bis vor kurzem
hätte ich das nie geschrieben, aber jetzt bin ich mir nicht
mehr so sicher. »Neidkampagne«, »Sozialismus«, ja, ja,
ich höre schon die Einwände der Herren Profis. Das ist
sicherlich auch ein grober Eingriff in die Marktwirtschaft, aber auf der anderen Seite gibt es ja viele Ein-
griffe seitens des Staates. In den USA gibt es, soviel ich
weiß, eine solche Grenze in einigen Sportarten. Vieles
kann man zu Recht den Amerikanern vorwerfen, aber
dass sie in hohem Maße zum Sozialismus neigen, wäre
doch etwas weit hergeholt. NBA hatte ihren ersten »Sa-
lary Cap« 1946-47, mitten im Kalten Krieg, als Senator
McCarthy Kommunisten hinter jeder Ecke vermutete.
Erstaunlich!

Die Profis werden dann sagen: »Das ist ein Eingriff
in die Regeln der privaten Marktwirtschaft – Angebot
und Nachfrage werden das schon regeln«. Stimmt, vom
Prinzip her, aber vielleicht braucht die Marktwirtschaft
ein wenig Hilfe.

»Machen wir uns nichts vor. Jeder würde das gleiche
tun, wenn er die Möglichkeit hätte«, heißt es oft. Dieser Satz stört mich unheimlich, denn ich denke, es gibt
Leute, die 5 Millionen Euro für einen angemessenen
Lohn halten. Warum besteht der Profi bei der nächsten

Lohnverhandlung nicht auf eine 10% Lohnerhöhung, die nicht ihm, sondern Bedürftigen zugute kommt?

»Naiv, Blödsinn«, werden jetzt manche Leser sagen. Mag sein, aber eines sollte man nie unterschätzen: Die Signalwirkung von Taten, nicht von Worten.

Diese Signalwirkung wäre hier so riesengroß, das würde ein derartiges Echo finden, dass der Respekt der Leute wieder steigen würde.

Das setzt natürlich die Bereitschaft voraus, verzichten zu wollen. Dieses Vorhandensein setzt wiederum, so meine ich, eine Moral voraus. Der Begriff scheint hier und da aus der Mode gekommen zu sein, aber ohne ihn kommt keine Gesellschaft aus. Denn ohne Moral bleibt letztendlich nur der pure Egoismus. Und das können wir nicht wollen hier im Abendland, das über Jahrhunderte durch christliches Denken geprägt wurde. Auf der anderen Seite zeigt uns die furchtbare Flutwelle in Asien, dass es durchaus immer noch Bereitschaft gibt, anderen helfen zu wollen.

Wie immer, sind die Deutschen da ganz vorne dabei, wenn es um Pro-Kopf-Zuwendungen geht. Das finde ich sehr, sehr sympathisch. Auch die EU finanziert ihr mehr oder weniger im Alleingang, und niemand dankt euch dafür. Auch wir Dänen nicht, das ist schäbig von uns.

Warum redet ihr nicht mehr darüber? Gut, Schröder sprach ab und zu ein wenig darüber, aber das könnte mehr sein. Spricht Merkel eigentlich darüber? Oder hat sie das aufgegeben, weil es Chirac nervt?

Klare Sprache und Ziele

Wo ist der Politiker, der sagt: »Liebe Landsleute, die Party ist vorbei, ab jetzt wird der Gürtel enger geschnallt, und wir gehen selbstverständlich mit gutem Beispiel voran. Ab sofort kürzen wir unsere eigenen Bezüge um 20 %, und die Kürzung gilt so lange, bis der Haushalt ausgeglichen ist. Des Weiteren kürzen wir unsere Rentenansprüche, das Übergangsgeld, und unser Rentenalter wird angehoben etc. Außerdem wird die Zahl der Parlamentarier im Bundestag auf etwa 400 reduziert (machen 614 Abgeordnete bessere Gesetze als 400?). Und in der Zukunft werden übrigens unsere Bezüge nicht von uns festgelegt, sondern von einer Gruppe unabhängiger Experten«.

Ich denke, das stört die Menschen gewaltig, dass die Politiker ihre Bezüge selber festlegen, und nur dann geplante Erhöhungen ändern, wenn dies durch eine Bild-Kampagne (wie vor ein paar Jahren in Kiel) nicht anders geht.

Kennen Sie einen Politiker, der das – vor der Wahl wohlgemerkt – gesagt hätte?

Ich nicht, das ist leider ziemlich unvorstellbar, denn der Horizont mancher Politiker reicht genau bis zur nächsten Wahl, wobei das in Deutschland die nächste Landtagswahl heißt, was ein Kernproblem ist.

Ich denke, er würde ein Traumergebnis bei der nächsten Wahl erzielen! Selbst selig Honecker würde im Himmel (oder wo auch immer ein Kommunist sich post mortem befinden mag?) vor Neid erröten!

Aber in diesem Zusammenhang gibt es eine andere Frage, die leider genau so relevant ist: Wenn es ihn gäbe, würdest du ihn dann wählen, liebe(r) Leser(in)?

Ich hoffe es sehr, aber ein Restzweifel bleibt leider. Wenn nicht, besteht kaum Hoffnung. Würde man solche Politiker nicht wählen, macht man es sich auch zu einfach, wenn man nur auf die Politiker schießt.

»Sozialpolitischer Kahlschlag«, nicht wahr? Du weißt, diese Ausdrücke werden schnell aus der Schublade geholt und ersticken manche notwendige Diskussion schon im Keim.

Immer wieder diskutiert man in Deutschland angesichts sinkender Schülerzahlen und knapper Kassen die Schließung von Schulen – und was hört man von den Eltern? »Sparen, ja klar müssen wir das, aber nicht bei meinen Kindern«. Zum Verzweifeln ist das!

Immer das gleiche jammerliche Spiel: Sparen ja, aber bitte beim Nachbarn.

Es ist meine feste Überzeugung, dass dieser Teufelskreis eben nur durchbrochen werden kann, wenn die Politiker ohne Wenn und Aber bei sich selbst anfangen. Ein gnadenloses Aufräumen bei allen Privilegien der Politiker. So einfach ist das, aber so schwierig hinzukriegen!

Deshalb hatte auch der Schröder Recht, als er seine ganzen Reformen durchboxte. Aber, entschuldigen Sie bitte, Herr Schröder, hier landen wir schnell wieder beim Thema Moral. Ich habe den Wahlkampf 2002 genau verfolgt, und ich habe kein Wort über diese Vorhaben gehört. Sechs Monate nach der Wahl gelten Sie aber laut Ihnen als vollkommen notwendig? Recht haben Sie ja, aber wäre es nicht fairer gewesen, den Leuten das vor der Wahl zu sagen?

»Liebe Wähler und Wählerinnen – ich habe Ihnen nichts Gutes anzubieten. 4 Jahre voller Zumutungen und Kürzungen. Das ist das, was Sie kriegen, wenn Sie mich wählen. Aber jetzt kommt das Entscheidende: Warum? Weil, lieber Wähler (und er zeigt auf einen Zuhörer im Saal, der seinen 10-jährigen Sohn mitgebracht hat), weil ich glaube, auch Ihr Sohn hat ein Recht darauf, dass wir ihm und seiner Generation einen Sozialstaat, der seinen Namen verdient, hinterlassen. Dabei ist es eine Selbstverständlichkeit, dass wir Politiker mit gutem Beispiel vorangehen«.

Würdest du, lieber Leser, ihn wählen? Eine verdammt gute Frage, und das ist ärgerlich, dass die Frage gestellt wird. Denn, nur auf die Politiker zu schimpfen ist doch viel einfacher und bequemer. Aber es führt kein Weg vorbei, die Frage muss gestellt werden. Wenn du nämlich nein sagst, dann sind wir eventuell bei einem entscheidenden Problem unserer Demokratie angekommen: Werden Politiker, die ehrlich sind und Unbequemes vor der Wahl ankündigen, überhaupt gewählt?

Was soll man übrigens zu den Politikern von der CDU sagen, die Hartz IV zugestimmt haben, wenn das Volk aber auf die Strasse geht, so tun, als hätten sie nie damit etwas zu tun gehabt? Schäbig!

Oder als Merkel und Stoiber Anfang 2005 einen offenen Brief an Schröder schrieben, und ein Gespräch anboten zum Thema Arbeitslosigkeit – man merkt die Absicht und wird verstimmt, nicht wahr? Briefe schreiben und gleichzeitig im Bundesrat blockieren, was das

Zeug hält. Da geht es nicht um das Thema, sondern um die Selbstinszenierung.

Das eigene Erscheinungsbild in der Presse hat Vorrang vor den Problemen des Landes.

Oder irre ich mich?

Mitte August 2006 las ich einen Satz von Steinbrück: »In der Zukunft werden wir auf eine Reise verzichten müssen, um mehr für Rente und Gesundheit auszugeben«. Genau, das ist die klare Sprache, die ich mir von den Politikern wünsche, denn der Mann hat Recht, auch wenn es unpopulär ist.

Glaubwürdigkeit der Politiker

Die CDU wollte vor der Bundestagswahl 2006 eine Erhöhung der Mehrwertsteuer um 2 Prozentpunkte, die SPD gar keine Erhöhung. Jeder halbwegs vernünftige Bürger weiß, dass die Disziplin »Kröten schlucken« gerade bei der Kompromissfindung nötig ist. Dass sich aber die neugebildete Grosse Koalition dann auf 3 Prozentpunkte einigte, war zumindest mathematisch kein absolut einleuchtender Kompromiss, oder? Das Wahlvolk sieht sich das Theater an, wendet sich ab, schüttelt den Kopf, und wieder ist ein Stück Vertrauen verlorengegangen.

Oder ein anderes Beispiel. Kohl hat in der Spendenaffäre sein Ehrenwort gegeben, wohlwissend, dass die Praktiken gegen das Gesetz verstoßen. Er wollte die Namen der Spender nicht rausrücken, und damit demonstriert er, dass sein Wort über dem Gesetz steht.

Mit welchem Recht kann ein solcher Mann Gesetzestreue einfordern?

Ein Ex-Kanzler, der die Gesetze nicht einhält – muss das nicht zwangsläufig bei der Bevölkerung zu einer »Warum soll ich dann die Gesetze einhalten?«-Einstellung führen?

Oder was soll man von Schröders Job bei Gazprom halten – in den letzten Monaten der Kanzlerschaft mit Duzfreund Putin die Deals abschließen, um dann als Alt-Kanzler für ein paar hunderttausend Euro den Vorstandsvorsitzenden zu geben? Nicht völlig einwandfrei, wie ich finde.

Aber den ganz großen Empörungsschrei habe ich in der deutschen Bevölkerung nicht wahrgenommen, was für mich noch trauriger ist. Denn das hat meines Erachtens eine Menge mit Resignation zu tun so nach dem Motto: »Die da oben machen eh, was sie wollen«.

Ist die Diagnose falsch?

Die Parteien

Ein anderes Thema: »Abweichler« nennt man ab und zu die kritischen Stimmen einer Fraktion. Das ist natürlich auch eine Frechheit, eine eigene Meinung zu haben und zu vertreten!

Was bilden sich die Fraktionschefs eigentlich ein? Ist das nicht ein glasklarer Verstoß gegen die Bestimmungen des Grundgesetzes, wonach jeder Abgeordnete nur seinem Gewissen verpflichtet ist? Hier wird das Grundgesetz mit Füßen getreten, und kein Mensch regt sich auf?

Interessantes habe ich bei der Landtagswahl Schleswig-Holstein 2005 mitbekommen: Am Wahlabend sieht es so aus, als ob weder Schwarz-Gelb noch Rot-Grün eine Mehrheit erhalten, und eine Lösung wäre dann eine Tolerierung von Rot-Grün durch den SSW – die Partei der dänischen Minderheit. Das löst die bekannte deutsche Weltuntergangsstimmung aus, denn was soll das: Eine Minderheitsregierung?

Kommentar aus Dänemark: Wir haben immer eine solche, und was soll so schlecht dran sein, dass andere gehört werden? Gleiches sagt auch Frau Simonis am Tag danach im ZDF: »In Skandinavien sind Minderheitsregierungen gang und gäbe, und zwar nicht aus der Not heraus, sondern aus der Gelassenheit der Skandinavier heraus«. Dem ist nichts hinzuzufügen.

»50.000 Dänen bestimmen jetzt die Politik in Schleswig-Holstein« so der Kommentar am Tag danach von

CDU-Granden wie Roland Koch. Bild bläst ins gleiche Horn (»mit Hilfe von 2 Dänenpolitikern will sie sich wieder wählen lassen«), als wäre das das Allerletzte! Ich weiß, es wurmte den guten Hessen gewaltig, dass Merkel durch die Wahl als Kanzlerkandidatin gestärkt wurde.

Aber zu den Fakten:

Erstens: Das Ganze ist nun mal so vereinbart und unterschrieben worden 1955 von DK und der BRD. Übrigens gibt es auf der dänischen Seite auch gewisse Sonderrechte für die deutsche Minderheit.

Zweitens sind es keine Dänen, sondern Leute mit deutschem Pass. Nebenbei landen wir wieder beim Thema Sperrklausel. Der SSW hat 3,6% der Stimmen erhalten, und das reicht nicht für den Einzug. Das ist für mich ein demokratisches Problem. Die Deutsche Minderheit ist in »Sønderjyllands Amtsråd« (Kreis Nordschleswig) und in vielen Kommunalversammlungen vertreten, weil es hier keine Sperrklauseln gibt. Also beruht das Ganze auf einer Abwägung unter Rücksichtnahme auf Sperrklauseln, aber darüber verlieren die Herrschaften natürlich kein Wort. Lieber auf einer Welle der Ahnungslosen mitschwimmen.

Aber ich kann euch an dieser Stelle beruhigen: Wir Dänen planen keine Offensive mit dem Ziel, Deutschland zu erobern!

Es ist dann doch alles anders gekommen, wie wir wissen, aber die Aufregung war interessant.

Übrigens: Als Simonis in einem TV-Interview zu einer großen Koalition gefragt wurde (zur Erinnerung: SPD wurde hinter der Union zweitstärkste Kraft), antwortete sie: »Und was ist dann mit mir?« Wörtlich!

Muss man das weiter kommentieren? Das Land steht vor immensen Problemen mit Arbeitslosigkeit, Verschuldung etc., die Menschen sehnen sich nach Lösungsansätzen, aber das vordergründigste Problem der Frau Simonis scheint zu sein, ob sie Ministerpräsidentin bleiben darf oder eben in die zweite Reihe hinter Carstensen rücken muss. Gerade eine solche Antwort dokumentiert besser als 100 Bücher, wie groß die Kluft zwischen Regierenden und Regierten mittlerweile ist. Man kann danach reden, zurückrudern und zurechtbiegen, so lange und so viel man will: Mit einer solchen Antwort ist die Katze endgültig aus dem Sack!

Mir fällt nur eines ein: »Wem das Herz voll ist, dem läuft der Mund über«. Ist Frau Simonis deshalb ein schlechter Mensch, oder ist das nur menschlich? Ich weiß es nicht, ich kenne sie überhaupt nicht und sie hat mit Sicherheit wie alle Menschen ihre guten Seiten. Ich finde nur ihre Reaktion zum Heulen, weil bei ihr wohl die Interessen des Landes gleichzusetzen sind mit ihren eigenen Interessen.

Oder die Große Koalition – im August 2006 zeichnet sich Gott sei Dank ein Aufschwung auf dem Arbeitsmarkt ab, das ist sehr erfreulich, und was machen die Koalitionspartner? Sie streiten darüber, wem der Aufschwung gehört – jeder reklamiert die Erfolge für sich. Liebe Politiker, ich glaube, das interessiert die Menschen jetzt so viel wie die Wettervorhersage in der Mongolei!

Wo ist der Politiker, der klipp und klar zum Journalisten sagt:

»Diese Diskussion interessiert mich gar nicht. Ich bin gerade dabei, für die Menschen dieses Landes Probleme zu lösen und habe keine Zeit für so einen Kinderkram. Ruf mich vier Wochen vor der nächsten Wahl an, dann sprechen wir darüber«.

Was würdest du, liebe(r) Leser(in) dazu sagen? Nachdem die erste Verblüffung sich gelegt hat (hat er das wirklich gesagt?), wärst du begeistert, oder?

Kann man sich eine Demokratie ohne Parteien vorstellen? Ich weiß es nicht, mich stört nur diese Parteidisziplin. Warum nicht frei und kontrovers im Bundestag diskutieren, und dann in aller Öffentlichkeit entscheiden, an Stelle des jetzigen Zustands, wo alles zwischen vier bis fünf Leuten abgesprochen ist?

Die Macht zurück an das Volk

Übrigens: Wie wird der Bundespräsident gewählt? Von der Bundesversammlung, die aus Politikern und Menschen, die von den Politikern ausgewählt wurden, besteht. Warum darf das Volk seinen Präsidenten nicht selber wählen? Ich weiß, das sieht die Verfassung aus geschichtlichen Gründen nicht vor, aber warum ändert man die Verfassung nicht? Weil es die Politiker sind, die dies tun sollten, und wer nimmt sich freiwillig eine Bühne?

Wofür haben sich die Deutschen 1848/49, 1918/19 und wieder 1989 eingesetzt? Sie wollten mehr Einfluss auf das politische Geschehen gewinnen. Sie wollten das Schicksal in die eigenen Hände nehmen. Sie wollten Schluss machen mit der Willkürherrschaft und ihre Rechte einfordern.

Und heute? Wie sieht das aus? Gibt es in Deutschland eine funktionierende Demokratie? Wie soll man das messen? An der Wahlbeteiligung – wenn ja, dann sieht es eher düster aus. Es gibt mittlerweile Wahlen in Deutschland, wo jeder Zweite zu Hause bleibt. Bei den Landtagswahlen 2006 in Sachsen-Anhalt wählten 44,4%, im reichen Ländle 53,4%. In Baden-Württemberg waren das satte 9,2 Prozentpunkte weniger als noch 2001! Solche Zahlen sind längst Normalität.

Wird das zum Anlass genommen, wirklich grundlegend über die Art und Weise, wie die Demokratie funktioniert, nachzudenken? Kaum. Sicherlich gibt es vereinzelt Stimmen, die dies oder jenes vorschlagen, aber eine große Debatte – und noch wichtiger – konkrete Änderungen sehe ich nicht. Stört es wirklich die Politiker, wenn die Kameras aus sind? Ich weiß es nicht, aber ich hoffe es sehr.

Um Gottes Willen, ich will Deutschland anno 2006 nicht mit der Weimarer Zeit vergleichen, davon halte ich gar nichts, aber gewisse Gefahrensignale sind unübersehbar.

Die Hürden für eine Grundgesetzänderung sind hoch: Zwei Drittel der Abgeordneten des Bundestags und der Mitglieder des Bundesrats müssen dem Gesetz zustimmen. Das ist historisch bedingt sinnvoll, aber warum ergänzt man das nicht mit einer Regelung: 50.000 oder 100.000 Unterschriften reichen, um ein Gesetz zu einer Volksabstimmung zu bringen. Eine verbindliche wohlgemerkt. Kennst du die Politiker, die sich dafür stark machen?

Konkret schlage ich also 3 Sachen vor, um die deutsche Demokratie lebendiger zu machen:

1) Direktwahl des Bundespräsidenten
2) Sperrklausel runter auf 2 oder 3 %
3) Volksentscheide auf Bundesebene

Zu 1: Warum muss das immer ein Politiker sein? Nichts gegen die Personen und Herr Köhler ist sicherlich ein fähiger Mann, aber was mich unheimlich stört ist die Tatsache, dass die Parteien das entscheiden. Leider ein gutes Beispiel für ihre Selbstherrlichkeit. »Wer von euch ohne Sünde ist, der werfe den ersten Stein«, wird jetzt der aufmerksame Leser sagen. Habt ihr in DK nicht eine Monarchie, d. h. ihr werdet überhaupt nicht gefragt, auch nicht indirekt? Richtig, nur die Monarchie wird von einer überwältigenden Mehrheit der Dänen unterstützt, und das ist der Unterschied: Bei euch würden die Menschen gerne den Präsidenten direkt wählen, sie dürfen aber nicht.

Ein anderes Beispiel für die Mentalität der Politiker. Als Deutschland im Frühling 2004 einen neuen Bundespräsidenten brauchte, war das ein gutes Beispiel für die Selbstherrlichkeit mancher Politiker. Frau Merkel z. B., die immer wieder betont hat, wir stehen unter keinem Zeitdruck, jetzt warten wir die Hamburg-Wahlen ab, und danach entscheiden wir. Was, das habe ich bis heute nicht verstanden, hat das eine mit dem anderen objektiv zu tun? Es geht um das höchste Staatsamt, das die BRD zu besetzen hat, und das wird einfach so in einen Provinz-Wahlkampf (und Streit um die K-Frage) mit einbezogen.

Eine Schande ist das und an Selbstherrlichkeit kaum zu übertreffen.

Direktwahl durch das Volk ist die einzige richtige Antwort. Aber auch hier weiß die Elite besser: Laut Grundgesetz ist ein Referendum nicht vorgesehen, und das wird heute von führenden Politikern aller Parteien verteidigt. Warum gibt es keine Revolution seitens der Bürger? Ein solches Maß an Arroganz dem eigenen Volk gegenüber ist unbegreiflich, aber noch unbegreiflicher ist die Tatsache, dass es einfach akzeptiert wird.

Zu 2: Das ist möglich, wir haben in DK eine Sperrklausel von 2 % und unser Land steht noch! Klar haben wir mehr Parteien im Parlament (7 statt eurer 4), aber ist das ein Problem? Ich halte das für eine Bereicherung der Demokratie, dass kleinere Parteien die Chance haben, vertreten zu werden.

Wir haben übrigens auch die Tradition der Minderheitsregierungen. Die dänische Regierung kann alleine gar nichts durchführen, sie braucht immer die Unterstützung mindestens einer Oppositionspartei. Das funktioniert nur, weil sich die Oppositionsparteien nicht einig sind, ob es eine bessere Regierung gibt. Wären sie einer Meinung, könnten sie jederzeit die Regierung stürzen.

Zu 3: Verbindliche Volksentscheide wären ein Gewinn. Das würde der Demokratie Leben einhauchen. Denn dann müssten die Politiker ganz genau hinhören und argumentieren.

Das Thema Türkei-Beitritt zur EU wäre eine interessante Sache. »Um Himmels Willen«, werden die Gutmenschen sagen, »ein gefundenes Fressen für Rechtsaußen«! Wirklich? Ich weiß es nicht, aber ich werde das Gefühl nicht los, dieses Totschlagsargument bedarf langsam einer Revision.

Um wessen Wohl geht es hier? Um das der Politiker oder um das der Bevölkerung? Letzteres, und damit erkenne ich nicht das Verwerfliche an einer Beteiligung der Betroffenen. Es mag ja sein, dass ein EU-Beitritt der Türkei ein Riesengewinn ist, aber dann lasst doch die Politiker in diese Richtung argumentieren und das Wahlvolk durch die Kraft des Argumentes überzeugen.

Beschwerlich? Ja sicher, aber das ist der Haken einer Demokratie.

Akzeptanz des Staates

Der Datenreport 2006 des Bundesamtes der Statistik zeigt, dass die Akzeptanz – vor allem bei Jugendlichen – für Staat und Gesellschaft erschreckend niedrig ist. 38 % der Menschen der neuen Länder halten die Demokratie in Deutschland für die beste Staatsform. Nur 38 %!

Spätestens hier müssen alle Alarmglocken klingeln – wie konnte es so weit kommen?

Im Sommer 2005 übernachtete ich in Schönewald bei Berlin und sprach bei dieser Gelegenheit mit dem wortgewaltigen Hotelinhaber.

"Die Schwarzen sind keinen Deut besser" meinte er. »Ob rot, schwarz, grün, gelb, alles Flaschen, Selbstdarsteller. Fußballer sind überbezahlte Pfeifen. Die Schere zwischen arm und reich geht immer weiter aus einander«.

Der Mann hat mächtig auf den Staat geschimpft – dieses »sich vom Staat abwenden« finde ich schlimm. »Immer wird bei den Kleinen gespart, die Politiker trauen sich nicht an die Großen heran«. Kurioserweise war er stolz auf die BRD, aber sehr skeptisch den Politikern gegenüber.

Vor kurzem traf ich eine nette ältere Dame im Zug nach München: Sie war sehr enttäuscht über Politiker, Reformen etc.: Immer wird bei den Kleinen gespart. Sie konnte kein Ziel erkennen. Wenn solche Leute sich von Politik und Staat abwenden, dann müssen die Alarmglocken klingeln. Denn das sind keine Extremisten und Hohlköpfe.

Neulich habe ich in Sport-Bild ein Interview mit einem Jungnationalspieler gelesen: «Politik ist nicht meine Richtung». Das hat er wörtlich gesagt. Was hat er damit gemeint?

Interessiert er sich nicht für die Einrichtung der Gesellschaft? Ob die Justiz funktioniert, ob die Polizei funktioniert, wie viel Steuern er zahlt, ob die Alten gepflegt werden, ob die Straßen gut sind usw.? Selbstverständlich interessiert er sich dafür, wer interessiert sich nicht dafür? Politik müsste im Prinzip nichts anderes sein als der Meinungsaustausch über die Einrichtung der Gesellschaft, so wird sie aber bei einem Großteil der Bevölkerung (gerade Jugendlichen) nicht wahrgenommen.

Entweder sagt er so, weil er keine Unterschiede erkennen kann zwischen Regierung und Opposition, oder weil er nicht weiß, dass Politik nichts anderes ist als die Frage: Wie soll die Gesellschaft aussehen? Oder besser gesagt, Politik sollte nichts anderes sein als dies. Ich denke, wenn er so sagt, dann meint er das ewige Hin und Her, das ewige Beschmutzen, das Selbstherrliche mancher Politiker. Ich verstehe diese Verdrossenheit. Aber das ist gefährlich: Ich kann mir sehr gut vorstellen, dass er nicht wählt. Das Nicht-Wählen wird so zur Normalität, und das gerade bei Vorbildern, und ein größeres Alarmzeichen kann ich mir kaum vorstellen für unsere Demokratie.

Denn am Ende werden dann nur diejenigen wählen, die mit der Demokratie ganz und gar nichts anfangen können oder wollen (im sächsischen Landtag sitzen einige davon).

Wo muss also angesetzt werden?

1) Die Regierenden müssen wieder lernen, anständig zu diskutieren und ihre Ziele klar und vor allem vor der Wahl zu formulieren.
2) Die Regierten müssen verstehen, dass Demokratie mühsam und voller Kontroversen ist. Demokratie heißt Streit und Diskussion. Wie sagte doch Churchill: »Demokratie ist eine sehr schlechte Staatsform, nur die anderen sind noch schlechter«.

Ob die Regierenden aber wirklich die Botschaft verstanden haben, bezweifle ich. Nach jeder Wahl, bei der die Wahlbeteiligung gesunken ist, sehen wir das gleiche leidige Spiel: »Die Anderen sind schuld, wir haben eine tolle und faire Kampagne gemacht«. All zu selten sieht man Politiker, die sich ernsthafte Gedanken über die niedrige Wahlbeteiligung machen und die auch bereit sind, daraus Konsequenzen zu ziehen. Erschreckend!

Wo ist der Ministerpräsident, der vor der Wahl sagt: »Wenn die Wahlbeteiligung nicht bei mindestens zwei Dritteln liegt, dann stehe ich als MP nicht zur Verfügung, egal ob ich gewinne, denn dann bin ich gescheitert«. Ich weiß, die Parteien würden versuchen, ihn schnellstens in die Psychiatrie einzuweisen. Und das Wahlvolk? Käme da vielleicht nicht das Gefühl hoch, hier ist einer, der uns ernst nimmt?

Apropos Wahlbeteiligung: Bei manchen Landtagswahlen liegt sie bei etwa 50 %, der Sieger bekommt vielleicht 38 %. Mit anderen Worten haben von 100 Wahlberechtigten 19 seine Partei gewählt – sieht so ein Sieg aus?

Bei allem Verständnis: Damit kein Zweifel aufkommt, ich bin absolut dafür, dass man wählt, das ist eine Pflicht. Ich mache mir nur Sorgen und versuche die Gründe für das Nichtwählen zu analysieren. Vergessen sollten wir auch nicht, dass es eine Gruppe gibt, die einfach zu faul ist.

Selbstbedienung der Politiker als Bremse der Reformbereitschaft

Im August 2006 kam heraus (dank Bild!), dass Grünen-Politiker Parteireisen zum Zukunftskongress der Grünen am 1.9. in Berlin als Info-Besuch beim Bundestag tarnen wollten. Damit würde das Parlament die üblichen Zuschüsse erstatten. Toll, nicht wahr, und das von den Grünen, die sich sonst gerne von den anderen Parteien in Sachen moralische Integrität abgrenzen. Aber das ist wohl Vergangenheit.

Wie viele solcher Fälle gibt es nicht, die nicht auffliegen?

Leider haben wir zu viele Fälle erleben müssen, bei denen der Normalbürger nur den Kopf schütteln kann. Selbstverständlich sind nicht alle Politiker so. Viele Politiker engagieren sich aus Überzeugung und werden dadurch alles andere als reich. Lobenswert ist das.

Aber solche Fälle hinterlassen leider den Eindruck, dass »die da oben sich die Taschen füllen, und wir sollen verzichten«. Ist dieser Eindruck beim Wahlvolk entstanden (und das ist er, leider), dann klingen die Appelle der Regierenden sehr hohl, und man erzeugt das Gegenteil von Verständnis.

Vor ein paar Jahren gab es beispielsweise den CDA-Vorsitzenden Arentz, der immer für die kleinen Leute eingetreten ist, der sich immer um das soziale Profil der Union bemüht hat, der kriegt nun 60.000 Euro völlig ohne Gegenleistung! Oder die VW-Gehälter an Politiker ohne Gegenleistung?

Was der Opel-Arbeiter oder der Karstadt-Mitarbeiter, der gleichzeitig seinen Job verliert oder dessen Gehalt gekürzt wird, sich dann für Gedanken über Reformbereitschaft, die Notwendigkeit von Verzicht etc. macht, dafür braucht man kein Professor zu sein.

Oder der Kumpel, der unter Tage ein ganzes Jahr schuftet, und in einem Jahr längst nicht auf 60.000 kommt. Soll er sich von Leuten wie Arentz vertreten fühlen? Muss man sich wundern, dass Vertrauen in die Demokratie abgebaut statt aufgebaut wird?

Ein weiteres Beispiel: Die steuerfreie Kostenpauschale für jeden Bundestagsabgeordneten beträgt 3589 Euro. Landtagsabgeordnete erhalten auch eine solche steuerfreie Kostenpauschale, allerdings geringer. Alle anderen müssen das dokumentieren, die Abgeordneten nicht. Ist das eine vertrauensfördernde Maßnahme?

»Es sind doch Peanuts, damit kriegen wir die Verschuldung nicht weg« lautet hier ein Einwand der Politiker. Richtig und falsch. Richtig, weil es tatsächlich kleine Summen sind, aber falsch weil gerade diese »Wir gehen mit gutem Beispiel voran«-Einstellung eine Atmosphäre schaffen würde, wo andere, notwendige Einschnitte viel zügiger über die Bühne gehen würden.

Mir geht es um das Prinzip: Ich weiß nicht, ob dieser Betrag die Kosten deckt oder nicht, aber es stört mich gewaltig, dass er einfach so überwiesen wird. Das ist übrigens nicht anders in Dänemark, auch hier haben wir diesen Freibetrag nur für Abgeordnete.

Was tun dagegen?

Ich würde folgendes machen: Bei allen künftigen Wahlen, ob Bundestags- oder Landtagswahl, würde ich nur einen Kandidaten wählen, der schriftlich versichert hat, er oder sie ist gegen dieses Sonderprivileg und für Offenheit. Des Weiteren muss er sich für Volksabstimmungen auf Bundesebene einsetzen. Das ist 2006 nicht schwierig: Einfach eine Mail an sie/ihn senden, und die Antwort an den Freundeskreis weitersenden. »Sie werden nicht antworten«, meinst du? Doch, das tun sie. Ich habe selber gute Erfahrungen damit gemacht in Dänemark.

Manchmal liegt es einfach an uns, aktiv zu werden, statt uns passiv mit der Lage der Dinge abzufinden.

Braucht Deutschland Reformen?

Unbedingt ja, und zwar schnell. 2050 wird jeder Dritte in Deutschland laut Statistischem Bundesamt 60 Jahre oder älter sein und die Hälfte über 48 Jahre. Muss weiter erläutert werden, was das für Renten, Gesundheitskosten etc. heißt? Ich denke nicht.

Wenn gar nichts passiert, dann geht der Abstieg weiter. 1995 lag die Wertschöpfung Deutschlands noch 8 % höher als die der Briten, 2005 sind die Briten um 9 % vorne. Innerhalb von 10 Jahren! 2011 wird Spanien Deutschland beim Pro-Kopf-Einkommen laut *Welt*-Berechnungen überholen. Was solche Zahlen bedeuten, spüre ich täglich: Das bedeutet z. B., dass manche Firmen aus dem Ausland (Dänemark) Deutschland als Absatzmarkt nicht mehr so interessant finden. Einige dänische Firmen wenden sich eher anderen Ländern zu. Das an sich wird Deutschland nicht destabilisieren, das ist wahr, aber das Signal ist verheerend für die einst so stolze Wirtschaftsnation.

Der slowakische Finanzminister Ivan Miklos äußerte sich im *Welt*-Interview vom 11.3.05 so: »Ein kollektivistischer Zuständigkeitsstaat, wie die BRD, ist kein Vorbild für uns, weil die Bevölkerung entmündigt wird und Initiative nicht genügend belohnt wird – das ist nur was für reiche Staaten«.

Das ist eine Überschrift, und dazwischen ihr und der Realität klaffen sicherlich Lücken, aber ich denke, im Kern ist was dran.

Wenn du nicht einverstanden bist, lieber Leser, dann gibt es folgende bemerkenswerte Tatsache:

Das neue EU-Mitglied Slowenien ist jetzt reicher als die neuen Bundesländer. Ohne EU-Mitgliedschaft und ohne einen reichen Bruder. Irgendwas müssen die richtig machen und die Deutschen beim Aufbau Ost falsch machen.

Die Erkenntnis setzt sich jetzt auch bei euch durch, nur wird auch entsprechend gehandelt?

Übrigens war Deutschland beim Wirtschaftswachstum 2005 unter den 25 EU-Staaten das Schlusslicht, und zum vierten Mal in Folge wird Deutschland gegen das 3-%-Defizitkriterium verstoßen.

Ist Deutschland reformfähig?

Ich – und viele andere – sind der Auffassung, dass ein nicht zu unterschätzender Teil der Problematik seinen Ursprung in der föderalen Struktur der BRD hat.

Deutschland hatte ja auf den ersten Blick acht Jahre lang eine Rot-Grüne Mehrheitsregierung im Bundestag, und damit müssten eigentlich klare Verhältnisse herrschen, so der Laie. Der erste Eindruck täuscht aber gewaltig.

Was von den Verfassungsvätern sicherlich gut gedacht und gemeint war – die Mitbestimmung der Länder an der föderalen Gesetzgebung – ist leider in hohem Maße zu einem parteipolitischen Instrument verkommen. Erst blockierten Lafontaine und die SPD den Kohlschen Entwurf einer Steuerreform, um später im Amt eine ähnliche durchzuführen, dann blockierte die Union im Bundesrat völlig notwendige Sparmaßnahmen wie z. B. die »teure Eigenheimzulage«, die dem Bund jedes Jahr um die 6 Milliarden Euro kostet. Herr Eichel hatte doch völlig Recht, wenn er »eine Investition in die Köpfe statt in Beton« einforderte. Natürlich redete auch die Union immer und gerne über das Sparen, aber immer wenn es seitens der rotgrünen Regierung konkret (und damit untauglich als Stimmenköder) wurde, dann kniff die Union und blockierte.

Taktik und Parteiinteressen gingen vor. Diesen Eindruck haben ich und viele andere. Aber das ist hoffentlich etwas anders jetzt in der Großen Koalition. Aber wie viele Jahre sind wohl verschenkt worden durch das Taktieren der Parteien?

Warum habt ihr euch das gefallen lassen?

Mittlerweile ist es auch den Politikern klar geworden, dass es so nicht weiter geht. Auf Grund dieser (späten) Einsicht wurde 2003 ein Gremium mit der klaren Vorgabe gebildet, die Bundesgesetzgebung effizienter und durchschaubarer zu machen. Zwei Vorsitzende hatte das Gremium, den Bayerischen Ministerpräsidenten und »Möchte-So-Gern-Kanzler« Edmund Stoiber und Franz Müntefering, den damaligen SPD-Vorsitzenden. Nicht gerade politische Leichtmatrosen.

Aber: Warum um Himmels Willen beruft man gerade diejenigen, die das Chaos zu verantworten haben, in dieses Gremium? Dem entspräche, dass man zu einem Seminar mit dem Titel »Ist Schokolade gesund« den GF der Ritter Sport AG einlädt und von ihm eine sachliche Analyse erwartet!

Oder wie wäre es, Herrn Bsirske von Verdi aufzufordern, einen Vortrag zum Thema »Brauchen wir noch Verdi?« zu halten?

Damit sei nicht gesagt, dass sie keine sachlich fundierten Standpunkte haben können, aber Volkes Stimme (Bild u. a.) wird schnell zum Ergebnis kommen: »Das schlagen die doch nur vor, weil…«., und damit ist wieder ein Stück Glaubwürdigkeit verloren gegangen.

Mir ist es unerklärlich, dass man dies nicht einsieht und die Reform in andere Hände gibt. Aber da ist sie wieder, die Selbstherrlichkeit der Politiker.

Der Grund ist natürlich der, dass die Politiker selber entscheiden, wer berufen wird. Das zeigt aber leider, dass sie es immer noch nicht kapiert haben. Die allgegenwärtige Präsenz der Politiker spielt meiner Meinung nach eine große Rolle beim Phänomen Politikverdrossenheit.

In dieses Gremium hätten unabhängige Experten und andere hineingehört, aber kein einziger Politiker. Dann wäre ein Stück Vertrauen zurückgewonnen worden.

60 % aller Gesetze sind zustimmungspflichtig und das verdeutlicht die Notwendigkeit einer grundlegenden Reform des deutschen Föderalismus.

Bezeichnend für die Selbstlähmung ist, dass diese Kommission auch scheiterte. Das beliebte Politikerspiel »wir waren nicht schuld« ging los, und die Menschen wenden sich ab und resignieren ein Stück mehr.

Im Frühling 2006 haben sie sich auf eine Föderalismus-Reform geeinigt, die wohl für klarere Zuständigkeitsregeln zwischen Bund und Ländern sorgt – gut so, aber mein Gott hat das wieder lange gedauert.

Eine Anti-Terror-Datei kommt wohl jetzt, nachdem die Länder und der Bund monatelang über Kompetenzen gestritten haben. Wieder ein perfektes Beispiel dafür, wie sehr der Föderalismus in seiner jetzigen Form Sinnvolles verzögert oder gar verhindert!

Ist Deutschland also reformfähig?

Ja, aber in einem Tempo, bei dem Schildkröten mithalten können. Man kann die Sorge haben, dass es zu lange dauert. Im Grunde geht es ja in unserer globalisierten Welt um die banale Frage:

»Was genau rechtfertigt, dass ein Deutscher (oder ein Däne) 10- oder 20-mal so viel verdient wie ein Pole oder Chinese? Sind wir 10- oder 20-mal schlauer, schneller, effizienter«?

Dieser unbequemen Frage stellt sich Deutschland meines Erachtens zu wenig.

Viele Jobs leben vom Binnenmarkt und sind der Konkurrenz nicht so ausgesetzt. Da ist das Problem weniger ausgeprägt. Gerade für den Exportweltmeister Deutschland ist die Beantwortung obengenannter Frage aber von existenzieller Bedeutung. Denn auch der deutsche Kunde im Supermarkt oder im Baumarkt ist nur ausnahmsweise dazu bereit, für quasi identische Produkte deutlich mehr zu zahlen. Also besteht die Kunst darin, nicht-identische Produkte herzustellen, Produkte mit Mehrwert für die Konsumenten. Dann ist eben auch ein Mehrpreis gerechtfertigt.

Ein Land der Ideen

Die Antrittsrede des Bundespräsidenten Köhler im Mai 2004.

»Ein Land der Ideen« und »Platz für Kinder« waren 2 Mottos seiner Rede.

Das Gelingen der ersten Zielsetzung ist meiner Meinung nach eine Voraussetzung für den Wohlstand der Zukunft. Denn warum soll ein Arbeiter in Deutschland oder in Dänemark 10-mal mehr als ein Pole bekommen, wenn das, was sie vorbringen, identisch ist? Das ist dem Kunden, der letztendlich das Produkt kaufen soll, schwer vermittelbar, deshalb bleibt nur eine Chance:

Deutschland muss neue und bessere Ideen haben, Ideen, die zu vermarktbaren Produkten oder Prozessen werden. Gleiches gilt für Dänemark. Nur dann ist der Wohlstand unserer Kinder gesichert. Ich glaube, Deutsche (und Dänen) unterliegen in zu hohem Maße dem Irrtum, Wohlstand ist auf unseren Breitengraden ein Naturgesetz, etwas was einfach da ist. Nichts könnte aber falscher sein: Wohlstand ist das Ergebnis effizienter, innovativer und überlegener Arbeit.

Deshalb ist es genau richtig vom Bundespräsidenten, wenn er das Thema »Ideen« aufgreift. Mit dem Gewicht des Amtes kann er eine solche Diskussion anstoßen.

Das zweite Thema, mehr Platz für Kinder, ist auch ein wichtiger Punkt. Denn mit immer weniger Kindern verstärkt sich die Problematik durch Überalterung der Gesellschaft. Deshalb: An die »Arbeit«, deutsche

Männer und Frauen! Ein Kind oder Kinder zu haben ist »einfach genial«.

»Auf die Kraft der Freiheit setzen« will der Bundespräsident. Was heißt das? Das heißt nichts anderes als mehr Eigenverantwortung und weniger Staat. Der Staat muss sich aus Randbereichen zurückziehen und sich auf den Kern des Sozialstaates konzentrieren: Bildung, Unterstützung für wirklich Bedürftige, Justiz, Krankenhäuser etc. Das wird nicht ohne Widerstand über die Bühne gehen, es hilft aber, wenn man den Menschen Mut macht und ihnen ein klares Ziel aufzeichnet.

Eliten

Zu Reformen zählt eben auch eine geistige: Deutschland muss seine Eliten fördern, und ich spreche nicht von denjenigen, die gegen einen Ball gut treten können.

Ich glaube, das ist es, was der Bundespräsident zwischen den Zeilen sagt. Wer sich die Debatte über Eliteuniversitäten in Deutschland 2005 angehört hat, der weiß, dass hier eine Menge ideologischer Ballast über Bord geworfen werden muss. Das ist einfach kein Renner in der öffentlichen Debatte. Auch in Dänemark nicht. Komisch, denn es sind doch die Eliten, die Neues entdecken. Neues, von dem wir alle profitieren. Wäre ich an der Macht, würde ich die Eliten ohne Ende fördern, »Fördern bis zum Abwinken« wäre mein Credo, aber ich würde gleichzeitig betonen, dass alle Verantwortung für die Allgemeinheit tragen. Deutschland braucht wieder Eliten, auf die man stolz sein kann, weil sie Hervorragendes und Außergewöhnliches leisten, die aber nie vergessen, dass sie ein Teil des Ganzen sind. Da hapert es.

Ich sage, her mit den Studiengebühren an Hochschulen, damit sie wettbewerbsfähig werden. Ihr könnt es mit einer sozialen Komponente machen, damit es für hochbegabte Kinder aus einkommensschwachen Familien einen Weg gibt. Heute wandern die Talente doch massenweise in die USA und nicht alle kommen wieder. Dieser Verlust von »Brains« tut Deutschland richtig weh, das ist nicht so offensichtlich, aber weh tut es allemal.

Hymne

Deutschland, Deutschland über alles« etc. wird bei uns falsch verstanden. Als das Lied von Heinrich Hoffmann von Fallersleben 1841 auf Helgoland geschrieben wurde, waren die Zeilen Ausdruck einer Sehnsucht nach einem Staat, nach der Überwindung dieser verheerenden Kleinstaaterei. Sie waren Ausdruck einer tiefen Zuneigung dem Vaterland gegenüber. Rein gar nichts hatten sie was mit Aggressionen oder Überlegenheit anderen Nationen gegenüber zu tun. Diese Perversion kam erst, als ein gewisser gescheiterter Anstreicher aus Wien 1933 auf die deutsche Bühne stieg. Gerade deshalb singt ihr ja auch nicht die erste, sondern die dritte Strophe, aber das weiß hier oben niemand außer mir und ein paar anderer »Durchgeknallter«, die der Sache nachgegangen sind. Der Durchschnittsdäne (und Europäer?) hört die Hymne beim Fußballspiel und denkt sofort an die missbrauchte erste Strophe. Das ist eben eine Assoziation, die aus den Köpfen nicht rauszukriegen ist. Sag *Hoyzer* zu einem Deutschen, und er wird an Manipulationen im Fußball denken. Spielt die deutsche Hymne bei uns, und der Däne wird an die erste Strophe denken.

Mit anderen Worten: Die Hymne bringt euch nicht gerade Pluspunkte. Solltet ihr euch deshalb eine neue suchen? Das ist schwierig, sie liegt euch am Herzen, und die dritte Strophe ist auch sehr schön. Ich sage nur, dieses Lied weckt im Ausland Assoziationen in einem Umfang, den ihr euch gar nicht vorstellt, das ist Fakt. Vielleicht könntet ihr irgendwie mehr Wert auf die Kommunikation der Tatsache legen, es geht hier nur um die 3. Strophe?

Deutschland: Schuldenchampion

Kommen wir zu einer Disziplin, wo ihr wirklich Klasse seid. Die Augen vor unangenehmen Tatsachen zu schließen und euren Kindern die Rechnung zu überlassen. Ich habe den allergrößten Respekt vor euren Fähigkeiten in dieser Richtung – einwandfrei!

18.381 (August 2006) Euro machen die Schulden jedes Deutschen, ob alt oder jung, aus.

Der Schuldenzuwachs des Staates pro Sekunde beträgt 2.113 Euro.

Wer soll das bezahlen?

Der Nachbar?

Der Schwager?

Der Papst?

Die Uno?

Wir Dänen?

Leider nicht: Ihre Kinder werden das bezahlen müssen und zwar durch höhere Steuern als sonst notwendig, geringeren Service, geringere Bildung etc.

Ich habe meinen Zweifel, ob das mit dem Begriff Fairness in Einklang zu bringen ist. Guck deinen zwei kleinen Kindern oder Enkeln tief in die Augen, lieber Leser, und frage dich, ob das in Ordnung ist?!

Ich glaube es nicht, und deshalb ist Sparen alternativlos.

»Vergessen Sie das, er wird todsicher die Wahlen verlieren«, sagen jetzt manche Leser und vor allem mancher Politiker. Tatsächlich? Ich bin mir nicht so sicher, ich glaube die Politiker unterschätzen in hohem Masse die Menschen. Ich glaube, die Menschen sehnen sich nach Ehrlichkeit und Aufrichtigkeit. Ich glaube, ein solcher Politiker würde die Wahlen gewinnen, und wenn nicht, dann sollten die Wähler nicht nachher sagen, sie hätten von den »Grausamkeiten« nichts gewusst. Das setzt allerdings die Bereitschaft voraus, Wahlen verlieren zu »wollen«, wenn die Bürger die Botschaften nicht mögen. Diese Bereitschaft ist in der politischen Landschaft ungefähr so selten, wie ein PDS-Direktmandat in Bayern oder ein Bayer-Leverkusen-Fan in Köln!

Ihr lebt weit über eure Verhältnisse – ich rede nicht von den Bedürftigen, denn ich weiß sehr wohl, dass es z. B. viele Kinder bei euch gibt, die von Sozialhilfe leben. Die haben es nicht leicht und verdienen Unterstützung. Ich meine generell, als Gesellschaft betrachtet. Ihr gebt weit mehr aus, als ihr einnehmt. Was in jedem privaten Haushalt sofort zu Änderungen (sparen oder mehr verdienen) führen würde, wird einfach so nach dem Motto hingenommen: Augen zu, nicht reden darüber.

Wann gibt es endlich einen Aufstand dagegen?

Wie gesagt: Ich glaube, die Deutschen sehnen sich nach ehrlichen Politikern, die nicht immer beim Nachbarn sparen, sondern bei sich selbst anfangen und dann dem Volk die bitteren Wahrheiten sagen. Die Signalwirkung wäre gigantisch, und ein solcher Politiker wäre ein heißer Favorit.

Hans Eichel hatte doch absolut Recht, wenn er gegen »Steuerflüchtlinge« a la Schumi, Boris oder den »Kaiser« vorging. Das ist zwar alles legitim, aber für mich einfach nicht in Ordnung. Diese Leute haben alle Privilegien des deutschen Sozialstaates genossen, so bald sie aber selber richtig Kohle verdienen, machen sie sich davon. Ich meine, welche Rolle spielt es letztendlich für Schumi, ob er nach Steuern 400 Mio oder 300 Mio Euro übrig hat? Kann er deswegen nicht die Stromrechnung bezahlen? Kann er deswegen nicht einmal am Tag warm essen?

Auch Müntefering hat über Schumi geschimpft: Spendet viel, aber zahlt keine Steuern in Deutschland. War er nie in einem deutschen Krankenhaus? Hat er nicht die deutsche Grundschule besucht? Ist für mich auch nicht in Ordnung.

Deutschland steht vor riesigen Finanzlöchern, z. B. verfallen manche Schulen. Auch weil die Steuermillionen von Schumi fehlen. Es ist natürlich völlig illusorisch, Leuten 2006 vorschreiben zu wollen, wo sie zu wohnen haben. Ich weiß, die Berliner Mauer ist weg (ich habe selber dazu beigetragen am Wochenende nach der Mauereröffnung – das Stück liegt bei mir).

Deshalb: Steuerpflicht folgt dem Pass – wer ein Deutscher ist, der zahlt in Deutschland Steuern. Ich habe keine Ahnung ob das durchsetzbar ist, wahrscheinlich nicht wegen der damit verbundenen Bürokratie. Wünschenswert wäre das meines Erachtens aber schon.

Der Bund der Steuerzahler erstellt jedes Jahr eine Analyse über Verschwendung von Steuergeldern. Und was passiert? Ich habe den Eindruck, wenig. Jahr für Jahr werden unglaubliche Fälle beschrieben, wo öffentlich Gelder fließen, besser gesagt: versickern. Das ist eine nützliche Aufgabe, die der Bund hier löst.

Auf der anderen Seite muss man hier und da auch über den Bund lächeln oder weinen, je nach Temperament.

Pausenlos wird die hohe Verschuldung angeprangert, und wenn der Bund dann versucht gegen Steuerflüchtlinge vorzugehen wie im Frühling 2005, dann ist der Bund der Steuerzahler sofort zur Stelle: »Schnüffelstaat, Datenschutz« etc. heißt es dann. Quatsch, sage ich, ich habe keine Probleme damit, dass der Staat auf mein Konto guckt – ich habe nichts zu verbergen. Nur diejenigen, die was zu verbergen haben, dürften damit ein Problem haben, das ist meine Meinung. Will der Bund der Steuerzahler nicht einen Haushalt, der im Plus ist und damit die Kinder nicht belastet? Doch, denn auf der Webseite des Bundes steht als Slogan: »Die Schulden von heute sind die Steuern von morgen«. Richtig.

Manager

Wo sind die Manager, die mit gutem Beispiel vorangehen? Ackermann, der vor Gericht sich so be-
nimmt als wäre er bei einer Party? Die Wildmosers bei
den Löwen? Hartz bei VW?

Apropos der Fall Ackermann – war da nicht auch ein
hoher Gewerkschafts-Funktionär vertreten?

Ich bin aber der Meinung, es gibt eine Vielzahl von
Managern, die ihre Firmen auf eine sehr anständige Art
und Weise führen, wo Gemeinschaftssinn und Rücksicht
auf Menschen nicht zu kurz kommen. Von denen hört
man aber wenig, und somit sind wir bei einem Grund-
übel der Medien: Schlechte Nachrichten verkaufen sich
besser als gute. Das ist ein anderes Thema, das ich leider
nicht behandeln werde, sicherlich aber nicht ohne Relevanz für dieses Thema.

Warum schlagen die Bosse von Daimler Chrysler erst
später, nachdem der öffentliche Druck zu groß geworden
ist, die eigene Gehaltsreduzierung vor? Warum haben sie
nicht gesagt: Leute, wir müssen alle abspecken, und wir
fangen natürlich mit uns an. Es gibt sie mit Sicherheit,
die guten Manager, aber es gibt für mich auch zu viele
schlechte Beispiele. Bosse, die immer mehr verdienen,
während Personal abgebaut wird und dies und jenes gekürzt wird. Mehr Empathie wäre angebracht.

Laut dem Berliner Wirtschaftswissenschaftler Professor Joachim Schwalbach verdient ein Vorstandsmitglied
bei TUI heute 70-mal mehr als der durchschnittliche

Mitarbeiter des Unternehmens. Vor etwa 10 Jahren hieß die Relation noch 1:10. Professor Schwalbach hat auch festgestellt, dass nur selten die Manager-Gehälter in Relation zum Ergebnis stehen.

»Neidkampagne«? Es wird manche geben, die in dieses Horn stoßen, bei mir hat es aber wenig mit Neid zu tun. Dahinter mögen wirtschaftliche Ur-Gesetze wie Angebot und Nachfrage stehen, aber bei mir bleiben ein fader Nachgeschmack und eine Sehnsucht nach Anstand und Moral, weil diese Erscheinungen nicht ins Gesamtbild von hoher Arbeitslosigkeit, steigender Mehrwertsteuer, stagnierender oder fallender Kaufkraft, höherer Kassenbeiträge etc. passen.

Wer dieses Buch aufmerksam gelesen hat, der weiß, dass ich kein Alt-Linker bin, ich bin kein dänischer Ströbele. Ich vermisse lediglich bei den Wirtschaftsbossen ab und zu Empathie und Moral, denn ihre Entscheidungen prägen das Leben von tausenden Menschen – ich schreibe hier bewusst Menschen, nicht Mitarbeiter. Es sind Menschen mit Familie, mit Ängsten etc.

Oder lassen sich das Wirtschaften und die Gewinnoptimierung auf der einen Seite und die Moral auf der anderen Seite einfach nicht in Einklang bringen? Ich glaube schon, aber einfach ist das sicherlich nicht.

Ausländer

Warum ist es bei euch kaum erlaubt, die zu kritisieren, auch wenn es berechtigt ist? Im Zug habe ich vor kurzem mit einer netten Dame gesprochen, sie hat in deutschen Medien über eine angebliche Fremdenfeindlichkeit in DK gelesen. Als wir im Februar 2005 unsere Regierung bestätigten, nannte die *Welt* die größte dänische Partei »Venstre« eine »rechtsliberale Partei«. Gegenüber einem deutschen Publikum sind solche Begriffe mit sehr viel Vorsicht zu genießen, weil sie in Deutschland ganz andere Assoziationen wecken.

Für mich zeigt das wieder, wie schwer ihr euch mit Begriffen wie Vaterlandsliebe tut. Bei euch wird jeder, der sich skeptisch gewissen Ausländern gegenüber äußert, automatisch in die rechte Ecke gestellt. Aber was um Himmels Willen ist falsch an eine gesunder Liebe und Verwurzelung zu dem Land, in dem man lebt? Es gibt nun mal Leute, die Demokratie nicht wollen und für die die Frau sich dem Mann unterzuordnen hat. Das können sie gerne meinen, aber ich nenne das Mittelalter, und ich bestehe auf dem Recht, darüber frei zu sprechen. Es gibt Leute, die nach 20 Jahren in Deutschland kaum Deutsch sprechen und deren Töchter niemals einen Deutschen heiraten dürfen. Das ist einfach pauschal ausgeschlossen. Ich nenne beides ein Höchstmaß an Arroganz dem Land gegenüber, das sie aufgenommen hat. Es gibt auch Eltern, die der Meinung sind, sie, und nur sie, entscheiden wen ihre Töchter zu heiraten haben.

Wer darauf besteht, diese Fragen offen diskutieren zu können, mag bei euch ein Rechtsliberaler oder -radikaler sein, für mich ist er einfach in der Realität angekommen. Aber vielleicht sollte man auch hier trennen zwischen der Elite und dem Volk? Ich denke, im Volk wird heftig über diese Sachen diskutiert, aber im öffentlichen Raum sind das Themen, die nur am Rande behandelt werden. Wann versteht ihr endlich, dass – so lange die »Einheitspartei der Anständigen«, die aus SPD, Grüne, FDP und Union besteht, nicht darüber kontrovers diskutieren möchte – ihr die Szene den wirklich Unanständigen überlasst?! Die real existierende Wirklichkeit offen zu diskutieren, was ist daran so schlimm?

Schulen: Pisastudie

Ihr kriegt nicht gerade die tollsten Noten, wir übrigens auch nicht. Die Finnen machen uns vor, wie die Begriffe »moderne« und »effiziente« Schule unter einen Hut zu kriegen sind.

Wo liegt das Übel?

Ich glaube, es gibt viele. Autoritätsverlust der Lehrer, Sprachprobleme bei Immigranten und sozial schwachen Deutschen, zu wenig Disziplin, gestresste Eltern, die ihre Wunschkinder für so unfehlbar wie den Papst halten.

Die Lehrer machen einen Knochenjob an den Grundschulen, sie machen sich Gedanken, sie engagieren sich für das Leben mancher Jugendlicher mit Leib und Seele, sie versuchen Werte zu vermitteln, und was ernten sie dafür in der Öffentlichkeit: Spott und Häme. Man muss nicht zehn Jahre studiert haben um auszurechnen, wozu das auf Dauer führt.

Die Kultusministerkonferenz der Länder scheint das Problem erkannt zu haben und plant eine Imagekampagne. Ein Schritt in die richtige Richtung.

Wenig hilfreich sind dagegen Äußerungen wie die der »faulen Säcke« des Altkanzlers Schröders.

Hier würde ich ansetzen: Den Lehrern rigoros den Rücken stärken, damit sie wieder stolz sein können, Lehrer zu sein. Die Eltern stärker in die Pflicht nehmen.

Denn: Kennst du einen Job, der für die Gesellschaft

und für das Zusammenleben der Menschen wichtiger ist als der des Lehrers, dann höre ich gerne von dir? Ich nicht.

Gutes an Deutschland

Jetzt habe ich genug ausgeteilt, ihr habt sicher das Gefühl: Ist der Motzki auferstanden, nur diesmal in Dänemark? Warum hackt er immer auf uns rum und hebt ständig Dänemark hervor?

Das stimmt, ich habe manches kritisch kommentiert. Mein Problem ist: Ich kann es nicht lassen. Seht es wie gesagt bitte locker. Wir haben in Dänemark einen Spruch: »Den man elsker, tugter man«. Nur weil ich euch mag, kritisiere ich euch. Ich bin auch nicht so naiv und blind, dass ich alles in Dänemark rosig sehe, bei weitem nicht, aber das ist ein anderes Thema.

Ich mag euch, was das Zeug hält! Aber gerade deshalb nervt mich manches.

Was genau mag ich an euch?

Eure Namen: Bei euch kann man alles heißen. Frau Siebenmorgen, Herr Fleischhacker, Herr Panzer, Frau Teufel, Herr Hammerschlag usw. Eine bunte Vielfalt, die ich mag und bewundere, gerade weil bei uns die meisten irgendwas mit –sen heißen – wie ich. Langweilig!

Eure Höflichkeit: Sie ist wunderbar und zeugt von menschlichem Interesse. Kommt man in DK in ein Geschäft, wo eine Schlange ist, kann man sicher sein, niemand sagt »Mahlzeit« oder wie auch immer. Sagt man es trotzdem, gucken dich die Leute an, als wärst du ein Außerirdischer.

In Deutschland unvorstellbar, und das mag ich sehr. Gleiches gilt, wenn man in der Nachbarschaft spazieren geht: In Dänemark grüßt man vielleicht die unmittelbaren Nachbarn, wer aber drei Häuser weg wohnt, den nicht. In Deutschland schon.

Eure Spendenbereitschaft bei Katastrophen ist einmalig und bewundernswert. Wenn ich »Spendensendungen« im ZDF oder im Ersten gesehen habe, stehen unten immer die Namen der Spender, und ich finde insbesondere die Summen von 20 Euro etc. rührend, denn ich meine zu wissen, was hinter einer solchen Summe steckt. Dahinter stehen Menschen, die weiß Gott nicht viel haben und kaum in der Lage sind, etwas herzugeben, aber sie tun es dennoch, weil sie ein offenes Auge – und vor allem ein offenes Herz – für das Leid haben. Diese Fähigkeit, sein eigenes »Leid« gegen das Leid anderer abzuwägen, ist eine Gabe. Ist das eventuell auch eine Folge selbstgemachter schmerzlicher Erfahrungen? Ich glaube schon, Altkanzler Kohl sprach ja auch immer von der Sicherung des Friedens, wenn er über die EU sprach. In Dänemark spricht kein Mensch über Frieden und die EU im gleichen Atemzug, aber da blicken sie durch, die eigenen Erfahrungen.

Vor kurzem sah ich in der *Welt* eine Todesanzeige und Würdigung eines Mitarbeiters, der vor 20 Jahren bei der Firma aufgehört hat. Das finde ich sehr sympathisch. Ob in der *Morgenpost*, im *Hamburger Abendblatt*, in der *Welt*, oft sehe ich solche Todesanzeigen. Das kommt bei mir gut an.

Eure differenzierte Mehrwertsteuer: Sympathisch, bei uns gibt es nur einen Satz und der liegt bei 25 Prozent!

Eure schönen Städte, eure Natur. Wer im Schwarzwald war, in München, im Thüringer Wald, in Hamburg, in Berlin, in Dresden, in den Weinanbaugebieten von Rheinland-Pfalz war, in Coburg, der muss einfach begeistert sein. Ich bin es auf jeden Fall.

Ihr habt in manchen Bereichen einfach eine Art und Weise miteinander umzugehen, die unsere Umgangsformen deutlich übertrifft. Das höre ich immer wieder von Dänen, die in Deutschland gewohnt haben. Der Umgang ist respektvoller.

Wollen wir deshalb ein Abkommen schließen?

Ich setze mich hier im Königreich weiter mit Herz und Seele für euch ein. Wann immer einer auf das angebliche Glück der Deutschen im Fußball verweist, halte ich dagegen, versprochen!

Und ihr packt es mit »klinsmännischer« Zuversicht an? Ihr schreitet quasi auf dem Weg der WM weiter: Innovativ, fröhlich, offen, anpackend!

Ihr schafft es, ich hoffe das nicht nur, ich weiß es!

Glück auf oder auf Dänisch »held og lykke«!

Euer

Troels Ravn Klausen

PS: Für eure Kommentare wäre ich dankbar. Habe ich alles falsch verstanden, ist hier und da was dran etc., was nervt euch an dieses Buch? Ihr erreicht mich unter info@incresco.dk

www.ingramcontent.com/pod-product-compliance
Lightning Source LLC
Chambersburg PA
CBHW051753250726
48659CB00001B/387